AF243349

8° F
25610

RÉPUBLIQUE FRANÇAISE

LIBERTÉ — ÉGALITÉ — FRATERNITÉ

DÉPARTEMENT DE LA SEINE

PRÉFECTURE DE POLICE

2ᵉ Division. — Bureau du Travail.

LÉGISLATION

ET

NOMENCLATURE

DES ÉTABLISSEMENTS DANGEREUX, INSALUBRES OU INCOMMODES

MELUN

IMPRIMERIE ADMINISTRATIVE

1915

REPUBLIQUE FRANÇAISE

LIBERTÉ — ÉGALITÉ — FRATERNITÉ

DÉPARTEMENT DE LA SEINE

PRÉFECTURE DE POLICE

2e Division. — Bureau du Travail.

LÉGISLATION

ET

NOMENCLATURE

DES ÉTABLISSEMENTS DANGEREUX,

INSALUBRES OU INCOMMODES

MELUN

IMPRIMERIE ADMINISTRATIVE

1915

TABLE

Législation des Établissements classés.

Pages.

1° Décret du 15 octobre 1810, relatif aux manufactures et ateliers insalubres, incommodes ou dangereux.   3

2° Ordonnance royale du 14 janvier 1815, contenant règlement sur les manufactures et ateliers insalubres, incommodes ou dangereux   7

3° Loi du 15 juillet 1845 sur la police des chemins de fer (art. 7)   8

4° Décret du 9 avril 1867, relatif aux usines à gaz   8

5° Décret du 19 mai 1873, avec les modifications apportées par les décrets ultérieurs, concernant les huiles de pétrole et de schiste, essences et autres hydrocarbures 10

6° Loi du 8 janvier 1905 sur les abattoirs publics et décret du 24 août 1908 18

Décret et Ordonnances de police concernant les Établissements industriels.

7° Ordonnance de police du 6 novembre 1862, concernant les ouvriers à marteaux et les instruments bruyants 20

8° Ordonnance de police du 22 juin 1898, interdisant, dans Paris, les fumées noires, épaisses et prolongées et application de cette ordonnance aux communes du département de la Seine 20

9° Ordonnance de police du 12 mars 1901, portant modification à l'article 104 de l'ordonnance du 25 juillet 1862 concernant les projections pouvant salir les passants 22

10° Ordonnance de police du 27 décembre 1901, limitant, dans Paris, la durée des signaux et appels au moyen des appareils dits « sifflets, tierces et sirènes » et application de cette ordonnance aux communes du département de la Seine 22

11° Décret du 1 avril 1905, concernant les précautions édictées pour la manipulation du linge sale dans les ateliers de blanchissage du linge 23

12° Ordonnance de police du 27 mars 1906, concernant les mesures préventives et les secours contre l'incendie dans la Ville de Paris (Extrait) 24

Législation concernant les matières explosibles.

13° Ordonnance royale du 30 octobre 1836, concernant les fabriques de fulminate de mercure et d'amorces fulminantes 26

14° Ordonnance de police du 17 septembre 1878, concernant la vente des amorces pour pistolets d'enfants composées avec des matières explosibles 27

15° Ordonnance de police du 1er mars 1902, concernant les débits de poudre et les fabriques de cartouches 28

16° Ordonnance de police du 16 mai 1904, concernant la fabrication et le débit des poudres éclairantes 30

Ordonnances de police concernant le transport et le dépôt sur la voie publique de récipients de gaz comprimés ou liquéfiés.

17° Ordonnance de police du 10 janvier 1898, concernant le transport et le dépôt sur la voie publique, dans le ressort de la Préfecture de Police, des récipients d'acide carbonique liquide   31

18° Ordonnance de police du 26 mai 1902, concernant le transport et le dépôt sur la voie publique, dans le ressort de la Préfecture de Police, des récipients d'oxygène, hydrogène, gaz d'éclairage de houille et autres gaz comprimés à une pression de plus de 15 kilogrammes par centimètre carré 32

Nomenclature des Établissements classés 34

RÉPUBLIQUE FRANÇAISE
LIBERTÉ — ÉGALITÉ — FRATERNITÉ

PRÉFECTURE DE POLICE

2ᵉ DIVISION. — BUREAU DU TRAVAIL

LÉGISLATION

CONCERNANT LES

Établissements dangereux, insalubres ou incommodes.

DÉCRET DU 15 OCTOBRE 1810

Relatif aux manufactures et ateliers insalubres, incommodes ou dangereux.

NAPOLÉON, etc.,

Sur le rapport de notre Ministre de l'Intérieur ;

Vu les plaintes portées par différents particuliers contre les manufactures et ateliers dont l'exploitation donne lieu à des exhalaisons insalubres ou incommodes ;

Le rapport fait sur ces établissements par la Section de Chimie de la Classe des Sciences physiques et mathématiques de l'Institut ;

Notre Conseil d'État entendu,

NOUS AVONS DÉCRÉTÉ ET DÉCRÉTONS CE QUI SUIT :

ARTICLE PREMIER. — A compter de la publication du présent décret, les manufactures et ateliers qui répandent une odeur insalubre ou incommode ne pourront être formés sans une permission de l'autorité administrative ; ces établissements seront divisés en trois classes :

La première classe comprendra ceux qui doivent être éloignés des habitations particulières ;

La seconde, les manufactures et ateliers dont l'éloignement des habitations n'est pas rigoureusement nécessaire, mais dont il importe néanmoins de ne permettre la formation qu'après avoir acquis la certitude que les opérations qu'on y pratique sont exécutées de manière à ne pas incommoder les propriétaires du voisinage, ni à leur causer des dommages ;

Dans la troisième classe seront placés les établissements qui peuvent rester sans inconvénient auprès des habitations, mais doivent rester soumis à la surveillance de la police (1).

Art. 2. — La permission nécessaire pour la formation des manufactures et ateliers compris dans la première classe sera accordée avec les formalités ciaprès, par un décret rendu en notre Conseil d'État (2).

Celle qu'exigera la mise en activité des établissements compris dans la seconde classe le sera par les Préfets, sur l'avis des Sous-Préfets.

Les permissions pour l'exploitation des établissements placés dans la dernière classe seront délivrées par les Sous-Préfets, qui prendront préalablement l'avis des Maires.

Art. 3. — La permission, pour les manufactures et fabriques de première classe, ne sera accordée qu'avec les formalités suivantes :

La demande en autorisation sera présentée au Préfet et affichée par son ordre dans toutes les communes, à 5 kilomètres de rayon.

Dans ce délai (3), tout particulier sera admis à présenter ses moyens d'opposition.

Les Maires des communes auront la même faculté.

---

(1) EXTRAIT D'UNE DÉPÊCHE DE M. LE MINISTRE DES TRAVAUX PUBLICS, DU 15 JANVIER 1907 :

« Mon Administration a toujours considéré que les établissements dangereux, insalubres ou incommodes installés par les Compagnies de chemins de fer, même quand ils sont situés dans l'enceinte de la voie ferrée, ne sauraient, en raison de leur emplacement, échapper aux dispositions générales régissant ces établissements et édictées dans l'intérêt du voisinage.

« Toutefois, comme ces établissements constituent une occupation du domaine public, et que leurs conditions d'installation intéressent la sécurité de l'exploitation, ils sont réglementés à la fois par le Ministre des Travaux publics et par l'Autorité préfectorale. Aussi, pour que les mesures à prescrire en vue de la sécurité et de la commodité du voisinage se concilient avec les nécessités du service du chemin de fer, les Préfets, après avoir fait procéder à l'instruction qui leur compète, s'en référent-ils à mon Administration au sujet des dispositions à prendre. »

INSTRUCTIONS DE M. LE MINISTRE DES TRAVAUX PUBLICS, EN DATE DU 10 OCTOBRE 1912 :

« Les lois et règlements de police, tels que le décret du 15 octobre 1910, ne sont pas applicables à l'intérieur de l'enceinte des chemins de fer, qui relève de la loi du 15 juillet 1845, sur la police des chemins de fer, et de l'ordonnance du 15 novembre 1846, rendue en exécution de cette loi. »

INSTRUCTIONS DE M. LE MINISTRE DU COMMERCE ET DE L'INDUSTRIE, EN DATE DU 13 NOVEMBRE 1912 :

« Les lois et règlements de police, tels que le décret du 15 octobre 1810, ne sont pas applicables à l'intérieur de l'enceinte des chemins de fer qui ne relève que de la loi du 15 juillet 1845 sur la police des chemins de fer, et de l'ordonnance du 15 novembre 1846 rendue en exécution de ladite loi; cette règle s'impose avec plus de rigueur encore s'agissant de la réglementation des établissements classés qui a été établie dans l'intérêt de l'industrie et il serait inadmissible que cette réglementation puisse paralyser, en quelque sorte, la déclaration d'utilité publique en vertu de laquelle sont établis les chemins de fer; en matière d'établissements classés, dépôts d'hydrocarbure ou autres créés par une Compagnie de chemins de fer et dans l'enceinte du chemin de fer, c'est donc le Ministre des Travaux publics, seul chargé de la police générale, qui est compétent pour statuer et imposer les conditions de nature à protéger les voisins. »

(2) Le décret du 25 mars 1852 sur la décentralisation administrative (art. 2 et tableau B) a chargé les Préfets de statuer sur l'autorisation des établissements insalubres de 1re classe, dans les formes déterminées pour cette nature d'établissements, et avec les recours existant pour les établissements de 2e classe.

(3) EXTRAIT D'UNE CIRCULAIRE ADRESSÉE AUX PRÉFETS, LE 4 MARS 1815, PAR LE DIRECTEUR GÉNÉRAL DE L'AGRICULTURE, DU COMMERCE, DES ARTS ET DES MANUFACTURES :

« Le décret du 15 octobre 1810, en déterminant les formalités à remplir pour la mise en activité des établissements compris dans la 1re classe, n'a pas parlé de la durée des affiches qui doivent être apposées dans un rayon de 5 kilomètres.

« Une décision du Ministre de l'Intérieur a réparé cette omission en la fixant à un mois. »

Art. 4. — S'il y a des oppositions, le Conseil de Préfecture donnera son avis, sauf la décision du Conseil d'État.

Art. 5. — S'il n'y a pas d'opposition, la permission sera accordée, s'il y a lieu, sur l'avis du Préfet et le rapport de notre Ministre de l'Intérieur.

Art. 6. — S'il s'agit de fabriques de soude, ou si la fabrique doit être établie dans la ligne des douanes, notre Directeur général des Douanes sera consulté (1).

Art. 7. — L'autorisation de former des manufactures et ateliers compris dans la seconde classe ne sera accordée qu'après que les formalités suivantes auront été remplies :

L'entrepreneur adressera d'abord sa demande au Sous-Préfet de son arrondissement, qui la transmettra au Maire de la commune dans laquelle on projette de former l'établissement, en le chargeant de procéder à des informations *de commodo et incommodo*. Ces informations terminées, le Sous-Préfet prendra, sur le tout, un arrêté qu'il transmettra au Préfet. Celui-ci statuera, sauf le recours à notre Conseil d'État par toutes parties intéressées.

S'il y a opposition, il y sera statué par le Conseil de Préfecture, sauf le recours au Conseil d'État (2).

Art. 8. — Les manufactures et ateliers ou établissements portés dans la troisième classe ne pourront se former que sur la permission du Préfet de Police, à Paris, et sur celle du Maire, dans les autres villes.

S'il s'élève des réclamations contre la décision prise par le Préfet de Police ou les Maires, sur une demande en formation de manufacture ou d'atelier compris dans la troisième classe, elles seront jugées au Conseil de Préfecture.

Art. 9. — L'autorité locale indiquera le lieu où les manufactures et ateliers compris dans la première classe pourront s'établir, et exprimera sa distance des

---

(1) Le décret du 25 mars 1852 a donné au Préfet le droit de statuer sur l'autorisation de fabriques et ateliers dans le rayon des Douanes sur l'avis conforme du Directeur des Douanes (art. 2, tableau B).

(2) Extrait d'une circulaire ministérielle du 15 décembre 1852 :

« Lorsqu'une demande en autorisation est admise par l'Autorité préfectorale, ceux qui croient avoir à s'en plaindre, qu'ils aient ou non figuré dans l'enquête, sont indistinctement reçus à former opposition devant le Conseil de Préfecture, qui statue contradictoirement, sauf recours au Conseil d'État. Dans l'hypothèse contraire, c'est-à-dire quand l'autorisation a été refusée, la seule voie ouverte au demandeur est celle du recours au Conseil d'État ; son appel au Conseil de Préfecture ne serait pas recevable. C'est en ce sens que doit être entendu l'article 7 du décret du 15 octobre 1810, et c'est d'après ces principes que doivent être désormais introduits les recours en matière d'établissements de 1re classe. »

Le délai pour le recours devant le Conseil d'État est celui que détermine l'article 24, § 4, de la loi de finances du 13 avril 1900, pour les décisions de toute autorité qui ressortit au Conseil d'État. c'est-à-dire : deux mois, à partir de la notification.

habitations particulières (1). Tout individu qui ferait des constructions dans le voisinage de ces manufactures et ateliers, après que la formation en aura été permise, ne sera plus admis à en solliciter l'éloignement.

Art. 10. — La division en trois classes des établissements qui répandent une odeur insalubre ou incommode aura lieu conformément au tableau annexé au présent décret. Elle servira de règle toutes les fois qu'il sera question de prononcer sur des demandes en formation de ces établissements (2).

Art. 11. — Les dispositions du présent décret n'auront point d'effet rétroactif ; en conséquence, tous les établissements qui sont aujourd'hui en activité continueront à être exploités librement, sauf les dommages dont pourront être passibles les entrepreneurs de ceux qui préjudicient aux propriétés de leurs voisins ; les dommages seront arbitrés par les tribunaux (3).

Art. 12. — Toutefois, en cas de graves inconvénients pour la salubrité publique, la culture, ou l'intérêt général, les fabriques et ateliers de première classe qui les causent pourront être supprimés, en vertu d'un décret rendu en notre Conseil d'État, après avoir entendu la police locale, pris l'avis des Préfets, reçu la défense des manufacturiers ou fabricants.

Art. 13. — Les établissements maintenus par l'article 11 cesseront de jouir de cet avantage, dès qu'ils seront transférés dans un autre emplacement, ou qu'il y aura une interruption de six mois dans leurs travaux. Dans l'un et l'autre cas, ils rentreront dans la catégorie des établissements à former, et ils ne pourront être remis en activité qu'après avoir obtenu, s'il y a lieu, une nouvelle permission.

Art. 14. — Nos Ministres de l'Intérieur et de la Police générale sont chargés, chacun en ce qui le concerne, de l'exécution du présent décret, qui sera inséré au *Bulletin des Lois.*

---

(1) Extrait d'une circulaire ministérielle du 22 novembre 1811 :

« On a plusieurs fois demandé qu'on déterminât, d'une manière positive, la distance où les établissements insalubres ou incommodes doivent être des habitations. S'il avait été possible de le faire, l'Administration se serait empressée de déférer à ce vœu. Des motifs de plusieurs sortes ont rendu inutile sa bonne volonté à cet égard. Un établissement peut, quoique très rapproché des maisons, être placé de manière à n'incommoder personne, tandis qu'un autre, qui en est éloigné, les couvrira de vapeurs qui en rendront le séjour fort désagréable. Il n'est donc pas possible de fixer les distances : on a dû laisser ce soin à la sagesse des autorités locales. »

(2) Extrait d'une dépêche ministérielle du 20 février 1906 :

« Le Comité consultatif des Arts et Manufactures, saisi de la question, a émis l'avis que « le Préfet a le droit de prescrire dans *toutes les parties* d'un établissement classé les mesures nécessaires pour assurer la sécurité du voisinage. »

(3) Extrait d'une circulaire ministérielle du 8 août 1833 :

« Il ne faut pas perdre de vue que les propriétaires d'établissements formés antérieurement au décret du 15 octobre 1810 ne peuvent augmenter leurs appareils, agrandir leur local ou opérer des mutations assez considérables pour changer la nature des rapports existant entre ces établissements et les propriétés voisines, sans être assujettis aux dispositions de ce décret et des ordonnances postérieures, attendu que la confirmation portée en son article 11 s'applique purement et simplement à l'ancien état des fabriques ou ateliers conservés et maintenus dans le même système et avec les mêmes moyens d'exploitation. »

ORDONNANCE ROYALE DU 14 JANVIER 1815

contenant règlement sur les manufactures et ateliers insalubres, incommodes ou dangereux.

LOUIS, etc.,

Sur le rapport de notre Ministre Secrétaire d'État de l'Intérieur ;

Vu le décret du 15 octobre 1810, qui divise en trois classes les établissements insalubres ou incommodes dont la formation ne peut avoir lieu qu'en vertu d'une permission de l'autorité administrative ;

Le tableau des établissements qui y est annexé ;

L'état supplémentaire arrêté par le Ministre de l'Intérieur, le 22 novembre 1811 ;

Les demandes adressées par plusieurs Préfets, à l'effet de savoir si les permissions nécessaires pour la formation des établissements compris dans la troisième classe seront délivrées par les Sous-Préfets ou par les Maires ;

Notre Conseil d'État entendu,

NOUS AVONS ORDONNÉ ET ORDONNONS CE QUI SUIT :

ARTICLE PREMIER. — À compter de ce jour, la nomenclature jointe à la présente ordonnance servira seule de règle pour la formation des établissements répandant une odeur insalubre ou incommode.

ART. 2. — Le procès-verbal d'information *de commodo et incommodo*, exigé par l'article 7 du décret du 15 octobre 1810, pour la formation des établissements compris dans la seconde classe de la nomenclature, sera pareillement exigible, en outre de l'affiche de la demande, pour la formation de ceux compris dans la première classe.

Il n'est rien innové aux autres dispositions de ce décret.

ART. 3. — Les permissions nécessaires pour la formation des établissements compris dans la troisième classe seront délivrées, dans les départements, conformément aux articles 2 et 8 du décret du 15 octobre 1810. par les Sous-Préfets, après avoir pris préalablement l'avis des Maires et de la Police locale.

ART. 4. — Les attributions données aux Préfets et aux Sous-Préfets par le décret du 15 octobre 1810, relativement à la formation des établissements répandant une odeur insalubre ou incommode, seront exercées par notre Directeur général de la Police (1), dans toute l'étendue du département de la Seine et dans les communes de Saint-Cloud, de Meudon et de Sèvres, du département de Seine-et-Oise (2).

---

(1) MM. Beugnot et d'André ont eu (du 13 mai 1814 au 14 mars 1915) le titre de directeur général exerçant les fonctions de Préfet de Police.

(2) Aux termes de l'article 23 de la loi du 15 février 1902 modifié par la loi du 7 avril 1903, la surveillance des établissements classés situés sur le territoire des communes d'Enghien-les-Bains, Meudon, Saint-Cloud et Sèvres est placée dans les attributions du Préfet de Seine-et-Oise.

Art. 5. — Les Préfets sont autorisés à faire suspendre la formation ou l'exercice des établissements nouveaux qui, n'ayant pu être compris dans la nomenclature précitée, seraient cependant de nature à y être placés. Ils pourront accorder l'autorisation d'établissement pour tous ceux qu'ils jugeront devoir appartenir aux deux dernières classes de la nomenclature, en remplissant les formalités prescrites par le décret du 15 octobre 1810, sauf, dans les deux cas, à rendre compte à notre Directeur général des Manufactures et du Commerce (1).

Art. 6. — Notre Ministre Secrétaire d'État de l'Intérieur est chargé de l'exécution de la présente ordonnance, qui sera insérée au *Bulletin des Lois*.

***

EXTRAIT DE LA LOI DU 15 JUILLET 1845
sur la police des chemins de fer.

***

Art. 7. — Il est défendu d'établir, à une distance de moins de 20 mètres d'un chemin de fer desservi par des machines à feu, des couvertures en chaume, des meules de paille, de foin, et *aucun autre dépôt de matières inflammables* (2).

***

DÉCRET DU 9 FÉVRIER 1867
relatif aux usines à gaz.

***

Article premier. — Les usines et ateliers de fabrication de gaz d'éclairage et de chauffage pour l'usage public, et les gazomètres qui en dépendent, sont soumis aux conditions ci-après :

Art. 2. — Les usines sont fermées par un mur d'enceinte ou une clôture solide en bois, de 3 mètres de hauteur au moins ; les ateliers de fabrication et les gazomètres sont à la distance de 30 mètres au moins des maisons d'habitation voisines.

---

(1) Le décret de décentralisation du 25 mars 1852, qui a attribué aux Préfets le droit d'autoriser à titre définitif les établissements de 1re classe, les a investis, *ipso facto*, du pouvoir de les autoriser à titre provisoire. (Circulaire ministérielle du 26 janvier 1900.)

(2) Décision du Conseil d'État en date du 14 février 1902 :

« Considérant que si l'article 7 de la loi du 15 juillet 1845 défend d'établir, à une distance de moins de 20 mètres d'un chemin de fer desservi par des machines à feu, des couvertures en chaume, des meules de paille ou de foin et tout autre dépôt de matières inflammables, l'on ne peut considérer comme des dépôts de matières inflammables, au sens de cet article, les six réservoirs en tôle hermétiquement clos, destinés à renfermer du pétrole et d'autres essences, que les requérants ont établis à proximité de la voie ferrée de Paris à Lyon, aux abords de la gare de Vaise ; que, d'ailleurs, les réservoirs dont s'agit ne peuvent être établis que conformément aux prescriptions des règlements concernant les entrepôts de pétrole mais que l'inobservation de ces prescriptions ne peut être réprimée par la voie d'une poursuite pour contravention de grande voirie et par application de la loi sur la police des chemins de fer. »

Art. 3. — Les ateliers de distillation et tous les bâtiments y attenant seront construits et couverts en matériaux incombustibles.

Art. 4. — La ventilation desdits ateliers doit être assurée par des ouvertures suffisamment larges et nombreuses, ménagées dans les parois latérales et à la partie supérieure du toit.

Art. 5. — Les appareils de condensation sont établis en plein air ou dans des bâtiments dont la ventilation est assurée comme celle des ateliers de distillation.

Art. 6. — Les appareils d'épuration sont placés vers le centre de l'usine en plein air ou dans des bâtiments dont la ventilation est assurée comme celle des ateliers de distillation ou de condensation.

Art. 7. — Les eaux ammoniacales et les goudrons produits par la distillation, qu'on n'enlèverait pas immédiatement, seront recueillis dans des citernes exactement closes et qui devront être parfaitement étanches.

Art. 8. — L'épuration sera pratiquée et conduite avec les soins et les précautions nécessaires pour qu'aucune odeur incommode ne se répande au dehors de l'enceinte de l'usine. La chaux ou les laits de chaux, s'il en est fait usage, seront enlevés, chaque jour, dans des vases ou tombereaux fermant hermétiquement et transportés dans une voirie ou dans un local désigné par l'autorité municipale.

Art. 9. — Les eaux de condensation peuvent être traitées dans l'usine elle-même pour en extraire les sels ammoniacaux qu'elles contiennent, à la condition que les ateliers soient établis vers la partie centrale de l'usine, et qu'il n'en sorte aucune exhalaison nuisible ou incommode pour les habitants du voisinage et que l'écoulement des eaux perdues soit assuré sans inconvénient pour le voisinage.

Art. 10. — Les goudrons ne pourront être brûlés dans les cendriers et dans les fourneaux qu'autant qu'il n'en résultera, à l'extérieur, ni fumée, ni odeur.

Art. 11. — Les bassins dans lesquels plongent les gazomètres seront complètement étanches, ils seront construits en pierres ou briques à bain de mortier hydraulique, en tôle ou en fonte.

Art. 12. — Les gazomètres seront établis à l'air libre ; la cloche de chacun d'eux sera maintenue entre des guides fixes, solidement établis, de manière que, dans son mouvement, son axe ne s'écarte pas de la verticale. La course ascendante en sera limitée, de telle sorte que, lorsque la cloche atteindra cette limite, son bord inférieur soit encore à un niveau inférieur de 0 m. 30 au moins au bord du bassin ou cuve.

La force élastique du gaz dans l'intérieur du gazomètre sera toujours maintenue au-dessus de la pression atmosphérique. Elle sera indiquée par un manomètre très apparent.

ART. 13. — Les usines et appareils mentionnés ci-dessus pourront, en outre, être assujettis aux mesures de précautions et dispositions qui seraient reconnues utiles dans l'intérêt de la sûreté et de la salubrité publiques et qui seraient déterminées par un règlement d'administration publique.

ART. 14. — Les usines et ateliers régis par le présent décret seront soumis à l'inspection de l'autorité municipale chargée de veiller à ce que les conditions prescrites soient observées.

ART. 15. — Les dispositions de l'ordonnance précitée du 27 janvier 1846 sont et demeurent rapportées.

ART. 16. — Notre Ministre secrétaire d'État au département de l'Agriculture, du Commerce et des Travaux publics est chargé de l'exécution du présent décret, qui sera inséré au *Bulletin des Lois*.

DÉCRET DU 19 MAI 1873

modifié par les décrets des 12 juillet 1884, 20 mars 1885, 19 septembre 1903 et 29 septembre 1910, concernant les huiles de pétrole et de schiste, essences et autres hydrocarbures.

ARTICLE PREMIER (*Décret du 19 septembre 1903*). — Le pétrole et ses dérivés, les huiles de schiste et de goudron, les essences et autres hydrocarbures liquides pour l'éclairage et le chauffage, la fabrication des couleurs et vernis, le dégraissage des étoffes ou tout autre usage, qui émettent, à des températures inférieures à 135 degrés du thermomètre centigrade, des vapeurs susceptibles de prendre feu au contact d'une allumette enflammée, sont soumis aux dispositions du présent décret.

Ces hydrocarbures sont distingués en deux catégories, suivant leur degré d'inflammabilité.

La première catégorie comprend les substances très inflammables, c'est-à-dire celles qui émettent, à une température inférieure à 35 degrés du thermomètre centigrade, des vapeurs susceptibles de prendre feu au contact d'une allumette enflammée.

La seconde catégorie comprend les substances moins inflammables, c'est-à-dire celles qui n'émettent de vapeurs susceptibles de prendre feu au contact d'une allumette enflammée qu'à une température égale ou supérieure à 35 degrés.

Un arrêté du Ministre de l'Agriculture et du Commerce déterminera, sur l'avis du Comité consultatif des Arts et Manufactures, le mode d'expérience par lequel sera constaté le degré d'inflammabilité des liquides à classer dans chaque catégorie.

ART. 2 (1). — Les usines pour le traitement de ces substances, les entrepôts et magasins et les dépôts pour la vente au détail ne peuvent être établis et exploités que sous les conditions prescrites par le présent décret.

---

(1) Décret du 29 décembre 1910.

SECTION PREMIÈRE — **Des Usines.**

ART. 3 (1). — Les usines pour la fabrication, la distillation et le travail en grand des substances désignées à l'article premier demeurent rangées dans la première classe des établissements dangereux, insalubres ou incommodes régis par le décret du 15 octobre 1810 et par l'ordonnance du 14 janvier 1815.

SECTION II. — **Des Entrepôts et Magasins.**

ART. 4. — Les entrepôts ou magasins de substances désignées à l'article premier, dans lesquels ces substances ne doivent subir aucune autre manipulation que des transvasements, sont rangés dans la première, la deuxième ou la troisième classe des établissements dangereux, insalubres ou incommodes, suivant les quantités de liquides qu'ils sont destinés à contenir, savoir :

Dans la première classe, s'ils doivent contenir plus de 6.000 litres de liquides de la première catégorie ;

Dans la deuxième classe, s'ils doivent contenir de 1.500 à 6.000 litres ;

Dans la troisième classe, s'ils doivent contenir plus de 300, mais pas plus de 1.500 litres.

Les garages d'automobiles pourvus de moteurs à pétrole sont assimilés aux entrepôts ou magasins visés par le paragraphe premier ci-dessus (2).

Dans les entrepôts ou magasins où les substances de la première catégorie ne sont reçues qu'en bidons métalliques scellés, d'une capacité de 10 litres au plus, et ne doivent subir aucun transvasement, les liquides contenus dans ces bidons ne sont comptés que pour le tiers de leur volume.

Toutefois, l'application de ce coefficient d'équivalence du tiers ne pourra permettre de dépasser une quantité maximum de 15.000 litres de substances de la première catégorie pour les entrepôts ou magasins de la seconde classe.

Lorsque les entrepôts ou magasins doivent contenir des substances de la deuxième catégorie, 5 litres de celles-ci sont comptés pour un litre de la première.

Lorsque les entrepôts ou magasins contiennent, en outre, des approvisionnements de matières combustibles et notamment de liquides inflammables, tels que l'alcool, l'éther, le sulfure de carbone, etc., non régis par le présent décret, ces substances sont comptées dans l'approvisionnement total des substances dangereuses et assimilées à celles de la première ou de la seconde catégorie, suivant qu'elles émettent ou non, à la température de 35 degrés centigrades, des vapeurs susceptibles de prendre feu au contact d'une allumette enflammée.

---

(1) Les usines qui contiennent des dépôts d'hydrocarbures sont des établissements mixtes et qui sont soumis, en ce qui touche l'usine, aux dispositions du décret du 15 octobre 1810, pour lesquelles les Préfets ont un pouvoir d'appréciation souverain, et, en ce qui touche les dépôts, aux prescriptions de la section II du décret du 19 mai 1873 et pour lesquelles les dérogations prévues par l'article 6 du décret précité ne peuvent être autorisées que par le Ministère du Commerce sur l'avis du Comité consultatif des Arts et Manufactures. (Instruction ministérielle du 29 mars 1912).

(2) Une circulaire de M. le Ministre du Commerce, de l'Industrie et du Travail en date du 30 mai 1906 indique les conditions auxquelles les garages d'automobiles peuvent être autorisés par dérogation aux prescriptions de l'art. 5 du décret du 19 mai 1873.

Les garages ayant un caractère industriel ou commercial doivent seuls être considérés comme entrepôts au sens du décret.

Art. 5 (1). — Les entrepôts ou magasins de la première et de la deuxième classe, qui renferment des substances de la première catégorie, soit exclusivement, soit jointes à des substances de seconde catégorie, sont assujettis aux règles suivantes:

1° Le magasin sera établi dans une enceinte close par des murs en maçonnerie de 2 m. 50 de hauteur au moins, ayant sur la voie publique une seule entrée, qui doit être garnie d'une porte pleine, solidement ferrée et fermant à clef.

Cette porte d'entrée sera fermée depuis la chute du jour jusqu'au matin. La clef en sera déposée durant cet intervalle entre les mains de l'exploitant du magasin ou d'un gardien délégué par lui. Durant le jour, l'entrée et la sortie des ouvriers et charretiers seront surveillées par un préposé.

2° L'enceinte ne devra renfermer d'autre logement habité pendant la nuit que celui qui pourra être établi pour un portier-gardien et sa famille.

Cette habitation elle-même aura son entrée particulière et sera séparée du reste de l'enceinte par un mur de 1 m. 20 de hauteur au moins, sans aucune ouverture.

3° (2) La plus petite distance de l'enceinte aux bâtiments quelconques (maisons d'habitation ou autres) occupés par des tiers ne pourra être de moins de 4 mètres pour les magasins de la deuxième classe et de 50 mètres pour ceux de la première.

Toutefois, pour les magasins de la première classe, cette distance pourra exceptionnellement, sous les conditions prévues par l'article 6, être réduite d'après les garanties de sécurité offertes, sans pouvoir, en aucun cas, être inférieure à 10 mètres.

4° Les appareils fixes ou les réservoirs contenant les liquides, auront leurs parois à une distance de 50 centimètres au moins de la face intérieure du mur d'enceinte, et seront disposés de manière à pouvoir être toujours facilement inspectés et surveillés.

5° Le sol du magasin sera dallé, carrelé ou bétonné, avec pentes et rigoles disposées de manière à amener les liquides, qui seraient répandus accidentellement, dans une ou plusieurs citernes étanches ayant ensemble une capacité suffisante pour contenir la totalité des liquides emmagasinés, et maintenues toujours en état de service.

Si le sol du magasin est en contre-bas du sol environnant, ou s'il est protégé par un terrassement ou massif continu sans aucune ouverture, la cuvette ainsi formée tiendra lieu, jusqu'à concurrence de sa capacité, des citernes prescrites au paragraphe précédent.

6° Le magasin pourra être à découvert en plein air. S'il est enfermé dans un bâtiment ou hangar, ce bâtiment ou hangar sera construit en matériaux incombustibles, non surmonté d'étages, bien éclairé par la lumière du jour et largement ventilé, avec des ouvertures ménagées dans la toiture.

7° Les liquides emmagasinés seront contenus soit dans des récipients en métal munis de couvercles mobiles, soit dans des fûts en bois cerclés de fer.

---

(1) Décret du 19 mai 1873.

(2) Décret du 29 décembre 1910.

Le transvasement des liquides de la première catégorie d'un récipient dans un autre, situé à un niveau plus élevé, se fera toujours au moyen d'une pompe fixe et étanche.

Les fûts vides, ainsi que les débris d'emballage, seront placés hors du magasin.

8° Toutes les réceptions, manipulations et expéditions de liquides seront faites à la clarté du jour. Durant la nuit, l'entrée dans le magasin est absolument interdite.

Il est également interdit d'y allumer ou d'y apporter du feu, des lumières ou des allumettes, et d'y fumer. Cette interdiction sera écrite en caractères très apparents sur le parement extérieur du mur, du côté de la porte d'entrée.

9° Une quantité de sable ou de terre, proportionnée à l'importance des approvisionnements, sera conservée à proximité du magasin pour servir à éteindre un commencement d'incendie, s'il venait à se déclarer.

Les Préfets peuvent imposer, en outre, les conditions qui seraient exigées, dans des cas spéciaux, par l'intérêt de la sécurité publique. Dans ce cas, les arrêtés d'autorisation doivent être soumis à l'approbation du Ministre de l'Agriculture et du Commerce, qui statue sur l'avis du Comité consultatif des Arts et Manufactures.

Art. 6 (1). — Les Préfets peuvent autoriser des entrepôts ou magasins établis et exploités dans des conditions différentes de celles déterminées par l'article 5, lorsque ces conditions présentent des garanties au moins équivalentes pour la sécurité publique. Dans ce cas, les arrêtés d'autorisation, avant d'être délivrés aux demandeurs, doivent être soumis à l'approbation du Ministre de l'Agriculture et du Commerce, qui statue sur l'avis du Comité consultatif des Arts et Manufactures.

Art. 7 (1). — Les conditions d'établissement des entrepôts ou magasins rangés dans la troisième classe sont réglées par les arrêtés d'autorisation.

Il en est de même des entrepôts ou magasins dans lesquels les liquides inflammables ne subissent ni transvasement ni manipulation d'aucune sorte, ou qui ne contiennent que des substances de la deuxième catégorie.

Les exploitants de ces entrepôts ou magasins devront en outre se conformer aux prescriptions indiquées dans les numéros 7, 8 et 9 de l'article 5 du présent décret.

Art. 8 (1). — Les entrepôts ou magasins dont l'approvisionnement total ne dépasse pas 300 litres de liquides de la première catégorie, ou une quantité équivalente de liquides de l'une et de l'autre catégorie, peuvent être établis sans autorisation préalable.

Toutefois, le propriétaire est tenu d'adresser au Maire de la commune où est situé son établissement et au Sous-Préfet de l'arrondissement une déclaration contenant la désignation précise du local affecté au magasin. Ce magasin sera isolé de toute maison d'habitation et de tout bâtiment contenant des matières

---

(1) Décret du 19 mai 1873.

combustibles, parfaitement ventilé et constamment fermé à clef. Le sol sera creusé en forme de cuvette et entouré d'un bourrelet en terre ou en maçonnerie, pouvant retenir les liquides, en cas de fuite.

Après cette déclaration, l'entrepositaire peut exploiter son magasin, à la charge d'observer les prescriptions indiquées dans les numéros 7, 8 et 9 de l'article 5 du présent décret.

SECTION III. — De la Vente au détail.

ART. 9 (*Décret du 20 mars 1885*) —Tout débitant des substances désignées à l'article premier du décret du 19 mai 1873 est tenu d'adresser au Maire de la commune et au Sous-Préfet de l'arrondissement une déclaration con-tenant :

1º La désignation précise du local constituant le débit et de l'empla-cement qui sera affecté dans sa boutique aux récipients des liquides inflam-mables ;

2º Les procédés de conservation et de livraison desdits liquides ;

3º La nature précise des divers liquides conservés dans le débit ;

4º Les quantités de chacun de ces liquides auxquelles il entend limiter son approvisionnement.

Dans le cas où le débit passerait en d'autres mains, la déclaration doit être renouvelée par le nouveau débitant.

Après cette déclaration, le débitant peut exploiter son commerce, à la charge par lui de se conformer aux prescriptions contenues dans les articles suivants.

ART. 10 (*Décret du 20 mars 1885*). — Les liquides de la première catégorie sont transportés et conservés chez le détaillant, sans aucun transvasement lors de la réception, dans des récipients portatifs, étanches, en forte tôle de fer étamée, ayant leurs fonds solidement assemblés avec le corps cylindrique au moyen de cornières extérieures, munis de deux ouvertures au plus fermées par des robinets ou des bouchons hermétiques.

Ces récipients ont une capacité de 60 litres au plus Ils portent, solidement fixée, en caractères très lisibles, l'inscription sur fond rouge : *Essence inflam-mable*.

Ils ne peuvent, en aucun cas, être déposés dans une cave ; ils doivent être installés dans un point bien éclairé par la lumière du jour.

Ils sont solidements établis sur des supports en fonte ou en fer, dans des conditions telles que leur fond puisse être inspecté et dans un emplacement spécial séparé de celui des autres marchandises

Il est établi au-dessous des robinets ou appareils de débit des cuvettes en tôle étamée destinées à recevoir les liquides qui viendraient à s'échapper pendant la livraison. Une cuvette ne reçoit qu'une seule catégorie de liquide. Ce liquide ne doit pas y séjourner, mais il est au fur et à mesure recueilli automatiquement **dans un bidon étanche.**

Les parois et la base des emplacements où se trouvent placés les récipients doivent, au voisinage immédiat de ces récipients, être protégées contre les infiltrations de liquides par une couverture en métal, tel que fer étamé, étain ou plomb, ou par tout autre revêtement imperméable.

En vue d'éteindre un commencement d'incendie, chaque détaillant est tenu de conserver hors de la portée des égouttures et cependant à proximité des récipients en un lieu d'un abord facile, autant de kilogrammes de sable, en sacs de 10 kilogrammes chacun, que les récipients affectés aux liquides de la première catégorie pourront recevoir de litres, sans que le poids total du sable ainsi conservé puisse être inférieur à 100 kilogrammes.

Les liquides de la première catégorie ne peuvent être livrés aux consommateurs que dans des vases étanches. Le remplissage de ces vases doit se faire soit directement sous le récipient sans interposition d'entonnoir ou d'ajutage mobile, soit par l'intermédiaire de vases distributeurs fixes adaptés au récipient.

Ces vases distributeurs ainsi que les tuyaux, ajutages et robinets qui les joignent au récipient, sont étanches et construits en métal étamé ou en étain. Ils pourront être en verre, à la condition qu'ils seront étanches et protégés contre les chocs par des armatures métalliques.

Un même vase distributeur ne peut être affecté au débit de liquides différents.

Les liquides de la première catégorie ne peuvent être transvasés qu'à la clarté du jour.

La livraison au consommateur est interdite à la lumière artificielle, à moins que le détaillant ne conserve et ne débite les liquides dans des bidons ou burettes en métal, de manière à éviter tout transvasement au moment de la vente. Ces bidons, d'une capacité de cinq litres au plus, seront rangés dans des boîtes ou casiers à rebords, garnis intérieurement de feuilles de tôle étamée formant cuvette étanche.

ART. 11 (*Décret du 20 mars 1885*). — Les liquides de la seconde catégorie sont conservés chez le détaillant dans des récipients étanches en tôle étamée, soigneusement clos et solidement établis.

Ces récipients ont une capacité de 350 litres au plus. Ils portent l'inscription sur fond blanc : *Huile minérale.*

ART. 12. — A. (*Décret du 20 mars 1885*). — L'approvisionnement du débit ne doit jamais excéder 300 litres de liquides de la première catégorie ou une quantité équivalente de liquides de l'une et de l'autre catégorie.

Cinq litres de substances de la seconde catégorie sont considérés comme équivalents à un litre de substances de la première catégorie.

B. (*Décret du 29 décembre 1910*). — Les magasins qui seraient annexés à un dépôt pour la vente au détail resteraient soumis aux dispositions de la section II du présent décret.

ART. 13 (*Décret du 20 mars 1885*). — Les liquides inflammables non régis par le présent décret, qui peuvent se trouver dans le local du débit, sont comptés dans l'approvisionnement total des substances dangereuses et assimilés à celles de la première catégorie, s'ils émettent à la température de 35 degrés des vapeurs susceptibles de prendre feu au contact d'une allumette enflammée.

ART. 14 (*Décret du 12 juillet 1884*). — Les dispositions précédentes relatives aux dépôts pour la vente au détail ne peuvent être suppléées par des dispositions équivalentes qu'en vertu d'une autorisation spéciale délivrée par le Préfet sur l'avis du Conseil d'Hygiène et de Salubrité du département, et fixant les conditions imposées au débitant dans l'intérêt de la sécurité publique.

En ce qui touche spécialement les récipients fixes dans lesquels certains détaillants logeraient les liquides de la première catégorie, l'usage n'en peut être autorisé par les Préfets qu'aux conditions suivantes :

Le détaillant justifiera qu'il a la disposition d'une cour ou de tout autre espace en plein air assez vaste pour que les opérations du dépotage puissent y être exécutées sans danger.

Les récipients fixes, dont la capacité totale ne devra pas excéder trois cents litres, seront faits de tôle forte, étamés à l'intérieur et absolument étanches.

Ils ne pourront être établis que dans un local distinct de la boutique du détaillant, parfaitement aéré, convenablement éclairé par la lumière du jour. Ils devront être placés sur un châssis métallique à la hauteur de un mètre au moins au-dessus du sol et à 50 centimètres au moins des murs du local, de telle sorte que la surveillance de chaque récipient demeure facile. Au-dessous sera disposée une caisse métallique destinée à recevoir les égouttures.

Chaque récipient portera en caractères très lisibles sur fond rouge les mots « *essence inflammable* », ainsi que l'indication de sa capacité. Il sera muni, à la partie supérieure, d'un tuyau de sûreté s'ouvrant à l'extérieur.

Il est rigoureusement interdit de fumer, d'allumer ou d'apporter du feu, des lumières ou des allumettes dans le local où se trouvent les récipients fixes.

Il est interdit également d'y procéder au dépotage des fûts ou bidons et au remplissage des récipients.

Ces opérations devront avoir lieu du dehors au moyen d'une pompe fixe et étanche en plein air, reliée aux récipients par une canalisation métallique continue et directement soudée à leurs parois. Une canalisation semblable conduira à l'appareil ou robinet de débit sous lequel doit avoir lieu directement l'emplissage des bidons ou burettes des consommateurs.

Les extrémités de l'une et de l'autre canalisation seront établies à distance convenable de tout appareil d'éclairage et de tout foyer.

Les opérations de dépotage et de remplissage du récipient, ainsi que le transvasement des essences pour le débit, ne pourront avoir lieu qu'à la clarté du jour.

Les livraisons au consommateur ne pourront avoir lieu à la lumière artificielle que dans les conditions indiquées au dernier paragraphe de l'article 10 du décret du 19 mai 1873.

L'Administration, dans les cas où elle croira devoir autoriser l'usage des récipients fixes, se réserve le droit de prescrire en outre toutes autres conditions qui seraient reconnues nécessaires pour sauvegarder la sécurité publique.

Il sera rendu compte au Ministre du Commerce des autorisations données en vertu du présent article.

SECTION IV. — **Dispositions générales**.

ART. 15 (1). — Les entrepôts ou magasins de vente en gros et les dépôts pour la vente au détail, qui ont été précédemment autorisés ou déclarés, conformément aux règlements en vigueur, peuvent être maintenus dans les conditions qui ont été fixées par ces règlements ou par les arrêtés spéciaux d'autorisation. L'exploitant ne peut y apporter aucune modification qu'à la charge de se conformer aux prescriptions du présent décret et, suivant les cas, d'obtenir une nouvelle autorisation ou de faire une déclaration nouvelle, comme il est dit aux articles ci-dessus.

ART. 16 (1). — En cas d'inobservation des conditions d'installation fixées par le présent décret ou par les arrêtés spéciaux d'autorisation, les entrepôts ou magasins de vente en gros peuvent être fermés et la vente au détail peut être interdite, sans préjudice des peines encourues pour contravention aux règlements de police.

ART. 17 (2). — Le transport des substances de la première catégorie désignées à l'article premier doit être fait exclusivement dans des récipients en métal, étanches, solidement construits et hermétiquement clos.

Le transport des substances de la deuxième catégorie peut être fait dans des fûts en bois, également étanches et cerclés de fer.

Toutefois, les dispositions du paragraphe premier ne seront obligatoires qu'à l'expiration d'un délai de cinq ans à partir de la publication du présent décret; jusque-là, le transport des substances de la première catégorie pourra continuer à avoir lieu dans des fûts en bois, étanches et cerclés de fer,

ART. 18 (3). — Les attributions conférées aux Préfets, aux Sous-Préfets et aux Maires par le présent décret, sont exercées par le Préfet de Police dans l'étendue de son ressort.

ART. 19 (3). — Le décret du 27 janvier 1872, relatif aux huiles minérales et autres hydrocarbures, est rapporté.

Le décret du 31 décembre 1866, relatif au classement des établissements dangereux, insalubres ou incommodes, est réformé en ce qui concerne les entrepôts ou magasins d'hydrocarbures.

ART. 20 (3). — Le Ministre de l'Agriculture et du Commerce est chargé de l'exécution du présent décret, qui sera inséré au *Journal officiel* et au *Bulletin des Lois*.

---

(1) Décret du 19 mai 1873.
(2) Décret du 29 décembre 1910.
(3) Décret du 19 mai 1873.

LOI DU 8 JANVIER 1905 ET DÉCRET DU 24 AOUT 1908

sur les Abattoirs publics.

Loi du 8 Janvier 1905.

ARTICLE PREMIER. — Les communes soumises ou non à l'octroi, mais possédant un abattoir public, auront le droit de taxer au maximum à 2 centimes par kilogramme de viande nette les viandes de toute nature abattues dans l'établissement.

Il pourra être perçu par ces communes une taxe de 1 centime au maximum par kilogramme de viande nette, sur les viandes dites à la main ou foraines, pour frais de visite ou de poinçonnage ; mais, en aucun cas, cette taxe ne pourra dépasser celle résultant de l'application du paragraphe précédent.

ART. 2. — La mise en activité de tout abattoir légalement établi dans une commune pour son compte ou pour le compte d'un syndicat de communes, suivant les dispositions de la loi du 25 mars 1890, entraînera de plein droit la suppression des tueries et triperies particulières situées dans un périmètre déterminé par arrêté préfectoral.

Le périmètre pourra comprendre soit tout le territoire de la commune dans laquelle l'abattoir sera établi, soit une partie de ce territoire seulement, soit plusieurs communes ou fractions de communes.

Toutefois, l'extension du périmètre au delà des limites d'une commune sera subordonnée à une entente entre les Conseils municipaux intéressés, sur l'établissement ou l'usage commun de l'abattoir.

ART. 3. — Si le périmètre doit s'étendre sur le territoire de départements différents, chaque Préfet déterminera, après entente entre les Conseils municipaux, la fraction du périmètre correspondant à son département.

ART. 4. — Le périmètre primitivement fixé pourra être étendu ultérieurement. Il sera procédé, dans ce cas, comme en matière d'ouverture d'abattoir.

ART. 5. — Dans les communes dépourvues d'un abattoir communal ou intercommunal, et dans les fractions de communes situées en dehors du périmètre fixé d'après l'article 2, une taxe de 1 centime au plus par kilogramme de viande nette qui y sera abattue pourra être établie pour droit de visite et de poinçonnage.

La même taxe pourra être établie pour les viandes importées du dehors ou abattues hors de la commune.

ART. 6. — Si un abattoir intercommunal était établi dans l'intérieur du rayon d'un octroi, le tarif de cet octroi devra, s'il y a lieu, être préalablement revisé, de manière que les viandes soient imposées au poids net.

Art. 7. — A partir de la promulgation de la présente loi, l'ordonnance du 15 avril 1838 et le décret du 1ᵉʳ août 1864 seront abrogés en ce qu'ils ont de contraire à la présente loi, sauf pour la Ville de Paris.

Art. 8. — Les communes qui, conformément à l'article 6 du décret du 1ᵉʳ août 1864, ont été régulièrement autorisées à percevoir un droit d'abatage supérieur à 2 centimes, pourront continuer à percevoir ce droit dans les termes des décrets d'autorisation.

Art. 9. — Un règlement d'administration publique pourvoira à l'exécution de la présente loi.

Décret du 24 Août 1908.

Le Président de la République Française,

Sur le rapport du Ministre de l'Agriculture et du Président du Conseil, Ministre de l'Intérieur,

Vu la loi du 8 janvier 1905, relative aux abattoirs, et notamment son article 9, aux termes duquel un règlement d'administration publique doit pourvoir à son exécution;

Le Conseil d'État entendu,

DÉCRÈTE :

Article premier. — Les animaux amenés à l'abattoir doivent être abattus au plus tard le lendemain de leur entrée; la viande, les abats et les issues provenant desdits animaux ne peuvent être laissés à l'abattoir que pendant la journée au cours de laquelle a lieu l'abatage et durant celle qui suit.

Toutefois, les communes peuvent permettre aux intéressés d'y laisser les animaux, ainsi que les viandes, les abats et les issues, après l'expiration de ces délais, et, dans ce cas, elles sont autorisées à percevoir un droit d'abri.

Une redevance peut également être exigée pour tous locaux ou installations spéciales qui seraient mis à la disposition des intéressés pour d'autres opérations que celles de l'abatage proprement dit et celle du lavage à l'eau froide des abats et issues.

Art. 2. — La fourniture de l'eau froide, la désinfection des locaux, ainsi que les soins généraux de propreté incombent aux communes.

Toutefois, le lavage des emplacements d'abatage, des vêtements de travail et appareils employés doit être effectué par les intéressés.

Art. 3. — Les agents des Services sanitaires de l'État ou des départements ont libre accès dans les abattoirs pendant les heures d'ouverture.

Art. 4. — Le Ministre de l'Agriculture et le Président du Conseil, Ministre de l'Intérieur, sont chargés, chacun en ce qui le concerne, de l'exécution du présent décret, qui sera publié au *Journal officiel* et inséré au *Bulletin des Lois*.

ORDONNANCE DU 6 NOVEMBRE 1862
concernant les ouvriers à marteaux et les instruments bruyants (1).

NOUS, Préfet de Police, ordonnons ce qui suit :

Article premier. — Les serruriers, forgerons, taillandiers, charrons, ferblantiers, chaudronniers, maréchaux-ferrants, menuisiers, layetiers et généralement tous entrepreneurs, ouvriers et autres commerçants exerçant dans Paris des professions qui exigent l'emploi de marteaux, machines et appareils susceptibles d'occasionner des percussions et des bruits assez considérables pour retentir hors des ateliers et troubler ainsi la tranquillité des habitants, devront, à dater de la publication de la présente ordonnance, interrompre chaque jour leurs travaux, savoir : de 9 heures du soir à 4 heures du matin, depuis le 1er avril jusqu'au 30 septembre, et de 9 heures du soir à 5 heures du matin, depuis le 1er octobre jusqu'au 31 mars.

Art. 2. — Est également défendu, pendant le temps ci-dessus déterminé, l'usage des instruments bruyants, capables de troubler le repos des habitants.

ORDONNANCE DU 22 JUIN 1898
interdisant, dans Paris, les fumées noires, épaisses et prolongées.

NOUS, Préfet de Police, ordonnons ce qui suit :

Article premier. — Dans le délai de six mois, à partir de la publication de la présente ordonnance, il sera interdit de produire une fumée noire, épaisse et prolongée, pouvant atteindre les habitations voisines ou infecter l'atmosphère des rues de Paris (2).

---

(1) Un arrêt de la Cour de Cassation du 8 mars 1865 a décidé que « la profession d'imprimeur ne peut être considérée comme bruyante en elle-même et que les exigences du travail nocturne qu'elle implique ne permettent pas d'admettre qu'on ait voulu la comprendre, sans la nommer, dans la réglementation des professions bruyantes. »

(2) Extrait d'une dépêche de M. le Ministre des Travaux publics, du 15 janvier 1907 :
« J'estime, qu'à défaut d'un texte spécial, les usines ou ateliers des Compagnies de chemins de fer se trouvent soumis, dans Paris, à l'observation de l'ordonnance du 22 juin 1898, prise en vertu des pouvoirs que confère à l'Autorité préfectorale, en matière d'hygiène notamment, la loi des 16-24 août 1790. »

APPLICATION DE L'ORDONNANCE DU 22 JUIN 1898

aux communes du Département de la Seine.

Des arrêtés analogues ont été pris par les maires des communes indiquées ci après :

ALFORTVILLE	Arrêté du 22 août 1907.
ANTONY	— du 22 octobre 1906.
ARCUEIL-CACHAN	— du 20 octobre 1904.
ASNIÈRES	— du 4 mars 1899.
AUBERVILLIERS	— du 29 octobre 1900.
BOULOGNE-SUR-SEINE	— du 12 octobre 1898.
CHOISY-LE-ROI	— du 10 septembre 1906.
CLICHY	— du 10 septembre 1906.
COLOMBES	— du 10 septembre 1906.
COURBEVOIE	— du 31 juillet 1901.
FONTENAY-AUX-ROSES	— du 19 septembre 1907.
LA GARENNE-COLOMBES	— du 13 mars 1911.
GENNEVILLIERS	— du 1er août 1899.
ILE-SAINT-DENIS	— du 17 octobre 1906.
IVRY-SUR-SEINE	— du 9 septembre 1906.
JOINVILLE-LE-PONT	— du 1er novembre 1906.
KREMLIN-BICÊTRE	— du 3 octobre 1906.
LA COURNEUVE	— du 2 septembre 1910.
LEVALLOIS-PERRET	— du 10 avril 1907.
MONTROUGE	— du 17 décembre 1906.
NANTERRE	— du 15 août 1906.
NEUILLY-SUR-SEINE	— du 8 novembre 1904.
PANTIN	— du 20 août 1906.
PRÉ-SAINT-GERVAIS	— du 27 avril 1907.
PUTEAUX	— du 28 avril 1907.
ROMAINVILLE	— du 20 septembre 1906.
SAINT-DENIS	— du 14 août 1906.
SAINT-MANDÉ	— du 5 mai 1901.
SAINT-MAUR-DES-FOSSÉS	— du 1er octobre 1900.
SAINT-MAURICE	— du 13 août 1906.
SAINT-OUEN	— du 14 septembre 1906.
SURESNES	— du 17 août 1906.
VANVES	— du 26 septembre 1911.
VILLEMOMBLE	— du 13 août 1906.
VINCENNES	— du 8 octobre 1900.
VITRY-SUR-SEINE	— du 1er décembre 1900.

ORDONNANCE DU 12 MARS 1901

portant modification à l'article 104 de l'ordonnance du 25 juillet 1862 concernant les projections pouvant salir les passants.

NOUS, Préfet de Police, ordonnons ce qui suit :

Article premier. — Le texte de l'article 104 de l'ordonnance du 25 juillet 1862 est modifié de la façon suivante :

« Il est défendu de rien jeter ni projeter d'aucune partie des usines et maisons qui puisse blesser ou salir les passants.

ORDONNANCE DU 27 DÉCEMBRE 1901

limitant, dans Paris, la durée des signaux et appels au moyen des appareils dits « sifflets, tierces et sirènes ».

NOUS, Préfet de police, ordonnons ce qui suit :

Article premier. — La durée des signaux ou appels au moyen des appareils dits « sifflets, tierces et sirènes à vapeur », dans tous les établissements industriels de Paris quels qu'ils soient, ne pourra, en aucun cas, excéder *quinze secondes.*

APPLICATION DE L'ORDONNANCE DU 27 DÉCEMBRE 1901

aux communes du département de la Seine.

Des arrêtés analogues ont été pris par les Maires des communes indiquées ci-après :

Asnières.	Arrêté du 10 juillet 1901.
Nanterre	— du 24 juin 1905.
Saint-Mandé.	— du 20 janvier 1901.
Saint-Maurice	— du 15 janvier 1908.

DÉCRET DU 4 AVRIL 1905

relatif aux Précautions édictées pour la Manipulation du Linge sale dans les ateliers
de blanchissage de linge.

ARTICLE PREMIER. — Dans les ateliers de blanchissage de linge, les chefs
d'industrie, directeurs ou gérants sont tenus, indépendamment des mesures
générales prescrites par le décret du 29 novembre 1904, de prendre les mesures
particulières de protection et de salubrité énoncées aux articles suivants :

ART. 2. — *Le linge sale ne doit être introduit dans l'atelier de blanchissage,
par l'exploitant ou son personnel, que renfermé dans des sacs, enveloppes spéciales
ou tous autres récipients soigneusement clos pendant le transport.*

ART. 3. — Le linge sale avec son contenant doit être soit désinfecté avant tout
triage par un des procédés de désinfection admis pour l'exécution de la loi du
15 février 1902 sur la santé publique ou par l'ébullition dans une solution
alcaline, soit, à défaut de l'une de ces opérations, tout au moins soumis à une
aspersion suffisante pour fixer les poussières. Dans ce dernier cas, les sacs et
enveloppes, ou tous autres récipients, doivent être lessivés ou désinfectés.

Les mesures de désinfection sont obligatoires pour le linge sale provenant
des établissements hospitaliers où l'on reçoit des malades.

ART. 4. — Les chefs d'industrie, directeurs ou gérants, sont tenus de mettre
à la disposition du personnel employé à la manipulation du linge sale, des sur-
touts exclusivement affectés au travail; ils en assurent le bon entretien et le
lavage fréquent; ces vêtements doivent être rangés dans un local séparé de la
salle des blanchissages et de la salle où se trouve le linge propre.

ART. 5. — Il est interdit de manipuler du linge sale non désinfecté ou non
lessivé soit dans les salles de repassage, soit dans les salles où se trouve du
linge blanchi.

ART. 6. — Les eaux d'essangeage doivent être évacuées directement hors
de l'atelier par canalisation fermée, sans préjudice de toutes autres mesures de
salubrité à prendre en exécution des articles 97 de la loi municipale du 5 avril
1884 et 1er de la loi du 15 février 1902 sur la santé publique.

ART. 7. — Les chefs d'industrie, directeurs ou gérants sont tenus d'afficher
dans un endroit apparent des locaux professionnels un règlement qui prescrira
l'emploi des vêtements de travail, qui imposera au personnel l'obligation de
prendre des soins de propreté à chaque sortie de l'atelier, et qui interdira de
consommer aucun aliment ni aucune boisson dans les ateliers de manipulation
du linge sale.

ART. 8. — Le délai d'exécution des mesures édictées par le présent règlement est fixé à *six mois* à partir de sa promulgation, sauf en ce qui concerne les
articles 5 et 6. Pour l'exécution des travaux de transformation qu'impliquent
ces deux derniers articles, le délai est fixé à trois ans.

EXTRAIT DE L'ORDONNANCE DE POLICE DU 27 MARS 1906

concernant les mesures préventives et les secours contre l'incendie
dans la Ville de Paris.

TITRE PREMIER

Dispositions communes à tous les foyers et à leurs conduits de fumée.

ARTICLE PREMIER. — Les cheminées ou appareils de chauffage fixes ou mobiles, et tous les foyers quelconques, industriels ou autres, ainsi que leurs conduits de fumée, devront être établis de manière à éviter les dangers de feu et à pouvoir être visités, nettoyés facilement et entretenus en bon état.

Les foyers et les conduits de fumée devront être construits de telle sorte qu'il n'en résulte aucune incommodité grave et de nature à altérer la santé des habitants de l'immeuble ou du voisinage.

TITRE II

Établissement de foyers fixes ou mobiles en usage dans les habitations
et dans l'industrie.

ART. 2. — Il est interdit d'adosser des foyers quelconques, fixes ou mobiles, cheminées, poêles, fourneaux, ainsi que des fours ou autres foyers industriels, à des pans de bois ou à des cloisons contenant du bois.

On devra toujours laisser, entre tout ouvrage de charpente ou de menuiserie et les appareils meubles de chauffage ordinaire, un isolement d'au moins 16 (seize) centimètres ; l'isolement sera porté à 50 (cinquante) centimètres au moins pour lesdits appareils, s'ils ne sont pas pourvus d'une double enveloppe.

Les fours, les fourneaux et les foyers industriels devront avoir des isolements proportionnés à la chaleur produite et suffisants pour éviter tout danger d'incendie.

ART. 3. — Les fourneaux, les foyers industriels, les foyers de cheminée et de tous les appareils de chauffage non mobiles, sur plancher en charpente de bois, devront toujours être établis sur des trémies en matériaux incombustibles.

Les dimensions de ces trémies devront être proportionnées à l'importance du foyer, du fourneau et de l'appareil de chauffage. Pour les cheminées d'appartement, la longueur de ces trémies sera au moins égale à la largeur de la cheminée, y compris la moitié de l'épaisseur des jambages et leur largeur sera d'un mètre au moins à partir du fond du foyer jusqu'au chevêtre.

Tout foyer et tout appareil de chauffage non mobile, sur âtre dit relevé, est formellement interdit.

ART. 4. — Les fourneaux, dits potagers, fixes ou mobiles, devront être disposés de telle sorte que les cendres qui en proviennent soient retenues par des cendriers fixes, construits en matériaux incombustibles. Ils devront reposer sur un sol carrelé ou en matériaux incombustibles et mauvais conducteur de la chaleur, dépassant d'au moins 30 (trente) centimètres la face du fourneau potager.

Ces fourneaux devront toujours être surmontés d'une hotte terminée par un conduit de fumée spécial.

Art. 5. — Dans les pièces dont le sol est constitué en matériaux combustibles, les poêles, les fourneaux mobiles et les autres appareils de chauffage également mobiles, devront être posés sur une plateforme d'une épaisseur suffisante, en matériaux incombustibles, mauvais conducteurs de la chaleur, et dépassant la face des ouvertures verticales du foyer d'au moins 30 (trente) centimètres. Ils devront, de plus, être élevés sur pieds, de telle sorte qu'au-dessus de la plateforme il y ait un vide de 8 (huit) centimètres au moins.

TITRE III

5° Conduits de fumée placés à l'intérieur des habitations et desservant des foyers industriels.

Art. 16. — Les conduits de fumée desservant des foyers industriels, autres que des foyers ordinaires : fours, forges, moufles, générateurs de vapeur, calorifères, fourneaux de restaurateurs ou analogues, de rôtisseurs, de charcutiers, etc., fours de boulangers et de pâtissiers, établissements de bains, etc., devront être autant que possible, à l'extérieur ; mais, s'ils traversent des locaux habités; ils ne devront être construits qu'en briques d'au moins 0 m. 10 (dix centimètres) d'épaisseur, et jamais en poterie.

6° Conduits de fumée industriels, à l'extérieur et en dehors des habitations.

Art. 19. — Ces conduits seront pourvus de dispositions spéciales propres à en faciliter le ramonage.

Art. 20. — Ces cheminées ou conduits, lorsqu'ils seront installés à demeure et pour une durée de plus de trois mois et lorsqu'ils correspondront à une consommation de plus de vingt-cinq kilogrammes de combustible par heure, devront être, sauf autorisation spéciale, élevés à une hauteur d'au moins 5 (cinq) mètres au-dessus des souches de cheminées des habitations avoisinantes dans un rayon de 50 mètres.

La partie inférieure de ces conduits ou cheminées devra être pourvue de chicanes ou de toute autre disposition telle que la fumée, les flammèches ou les escarbilles ne puissent être un danger d'incendie ou d'incommodité grave pour le voisinage.

Art. 22. — Les foyers ordinaires, dans lesquels on fait habituellement du feu, et leurs conduits de fumée doivent être nettoyés et ramonés deux fois au moins pendant l'hiver.

Les grands fourneaux de restaurateurs, charcutiers et rôtisseurs, les fours de boulangers, pâtissiers ou autres foyers d'industries analogues, ainsi que leurs conduits de fumée, doivent être nettoyés et ramonés tous les mois au moins.

Art. 23. — Il est défendu de faire usage du feu ou d'explosifs pour nettoyer les cheminées, les poêles, les conduits de fumée, quels qu'ils soient.

Après chaque opération de ramonage, les trappes de ramonage seront lutées avec le plus grand soin.

ORDONNANCE ROYALE DU 30 OCTOBRE 1836

portant règlement sur les fabriques de fulminate de mercure, amorces fulminantes et autres matières dans la préparation desquelles entre le fulminate de mercure.

ARTICLE PREMIER. — Les fabriques de fulminate de mercure, amorces fulminantes et autres matières dans la préparation desquelles entre le fulminate de mercure, devront être closes de murs et éloignées de toute habitation, ainsi que des routes et chemins publics.

ART. 2. — Toute demande en autorisation pour un établissement de cette nature devra être accompagnée d'un plan indiquant :

1° La position exacte de l'emplacement, par rapport aux habitations, routes et chemins les plus voisins;

2° Celle de tous les bâtiments et ateliers, les uns par rapport aux autres;

3° Le détail des distributions intérieures de chaque local. Le plan visé dans l'ordonnance d'autorisation à laquelle il restera annexé, ne pourra plus être changé qu'en vertu d'une autorisation nouvelle. La mise en activité de la fabrique sera toujours précédée d'une vérification faite par les soins de l'autorité locale, qui constatera l'exécution fidèle du plan. Il en sera dressé procès-verbal.

ART. 3. — Les divers ateliers seront isolés les uns des autres. Le sol en sera recouvert d'une lame de plomb ou de plâtre, la pierre siliceuse est prohibée dans la construction de ces ateliers.

ART. 4. — Les tablettes dont il sera fait emploi dans ces ateliers seront en bois blanc; la plus élevée, placée à 1 m. 60 au plus au-dessus du sol, devra toujours rester libre.

ART. 5. — L'atelier spécialement affecté à la fabrication du fulminate devra être particulièrement éloigné de la poudrerie et du dépôt des esprits. L'ordonnance d'autorisation fixera, dans chaque établissement particulier, la distance respective des autres bâtiments de la fabrique.

ART. 6. — La poudrière ne renfermera qu'une seule rangée de tablettes, placée à 1 m. 30 du sol; ce sol sera, comme celui des ateliers, recouvert en lames de plomb ou en plâtre. Ce bâtiment n'aura qu'une seule porte.

ART. 7. — L'usage des tamis en fil métallique est interdit.

ART. 8. — La poudre grenée et séchée sera renfermée dans des caisses en bois blanc, bien jointes, recouvertes d'une feuille de carton et placées sur des supports en liège.

Aucune de ces caisses ne devra contenir plus de cinq kilogrammes de poudre.

Art. 9. — Aucun transvasement de poudre ne pourra s'effectuer dans la poudrière. Cette opération devra être faite dans un local isolé et fermé, qui n'aura pas d'autre destination. Il sera pris, pour la construction de ce local ainsi que pour l'établissement de son sol, les mêmes précautions que pour la construction et le sol des autres ateliers.

Art. 10. — Il ne pourra être porté à la fois dans l'atelier de charge que la dixième partie au plus de la poudre qui doit être manipulée dans la journée.

Art. 11. — Le directeur de l'établissement et le chef des ateliers auront seuls la clef de la poudrière et de l'atelier où se fera le transvasement de la poudre.

Art. 12. — Aucun ouvrier ne pourra être employé dans cette sorte de fabrique s'il n'a 18 ans accomplis.

Art. 13. — Les dispositions prescrites par l'ordonnance du 25 juin 1823 sont maintenues et continueront à être observées concurremment avec celles de la présente ordonnance, qui sera constamment affichée dans les fabriques qu'elles concernent.

Art. 14. — En cas de contravention, l'autorité locale suspendra provisoirement les travaux de la fabrique et en référera à l'Administration supérieure. L'autorisation sera retirée s'il y a lieu.

Art. 15. — Notre Ministre, Secrétaire d'État au département des Travaux publics, de l'Agriculture et du Commerce, est chargé de l'exécution de la présente ordonnance, qui sera insérée au *Bulletin des Lois*.

ORDONNANCE DU 17 SEPTEMBRE 1878

concernant la vente des amorces pour pistolets d'enfants composées avec des matières explosibles.

NOUS, Préfet de Police, ordonnons ce qui suit :

Article premier. — Il est interdit de mettre en vente dans le ressort de la Préfecture de Police les amorces pour pistolets d'enfants fabriquées au moyen des matières explosibles suivantes :

1° Mélange des chlorates avec du phosphore ordinaire ou amorphe, avec des matières organiques, avec du soufre, avec des sulfures ou des sulfocyanures métalliques, avec toute substance ou mélange de substances capables de produire avec les chlorates un composé détonant;

2° Fulminates à base quelconque.

ORDONNANCE DU Ier MARS 1902

concernant les Débits de Poudre et les Fabriques de cartouches.

NOUS, Préfet de Police, ordonnons ce qui suit :

Article premier. — A l'avenir, aucun débitant de poudre autorisé dans le ressort de notre Préfecture ne pourra conserver au maximum que l'approvisionnement ci-après :

Poudres de toutes natures destinées à la vente en boîtes : au total 25 kilogrammes.

Cartouches de chasse : 25.000 (1);

Cartouches de revolver : 25.000;

Amorces pour armes de salon : 200.000.

Art. 2. — Les poudres en boîtes destinées à la vente pourront être conservées chez les débitants dans les caisses réglementaires que l'Administration des Contributions indirectes utilise pour leur transport.

A défaut de se servir de ces caisses les débitants devront placer les boîtes de poudre dans des caisses en chêne, assemblées solidement, avec couvercle mobile et sans charnières ni ferrures; ces caisses, munies de poignées et de roulettes, ne devront pas, avec leur contenu, excéder le poids de 25 kilogrammes.

Art. 3. — Les boîtes contenant l'approvisionnement de poudre seront placées en un point du magasin facilement accessible et permettant l'évacuation rapide au dehors en cas d'incendie; elles seront en outre éloignées des foyers de chaleur et de lumière et des conducteurs électriques.

Art. 4. — Les cartouches et amorces conservées chez les débitants seront réparties en caisses ou en paquets dont le poids ne devra jamais excéder 20 kilogrammes.

Art. 5. — Il est défendu aux débitants :

1° D'exposer aucune boîte de poudre dans les montres ou vitrines;

2° D'ouvrir aucune boîte pour la vente au détail;

3° De vendre plus de 2 kilogrammes de poudre à la même personne, sans que l'acheteur produise un certificat délivré par nous constatant qu'il a obtenu l'autorisation exigée par la loi du 24 mai 1834.

---

(1) Du 1er août au 10 septembre cet approvisionnement pourra être accidentellement accru de moitié, à charge par l'armurier de déclarer par écrit l'existence de cet excédent au Commissariat de police de son quartier ou de sa circonscription en justifiant que l'excédent est emballé et en cours d'expédition.

Art. 6. — Les débitants seront tenus d'inscrire sur un registre, coté et paraphé par le Commissaire de police de leur quartier ou de leur circonscription, les nom, prénoms, profession et demeure des personnes achetant de la poudre ou des cartouches de chasse, et d'y mentionner la date de l'achat et la quantité vendue.

Les livres de vente ou d'ateliers de cartouches pourront servir à recevoir cette inscription.

Art. 7. — La fabrication des cartouches de chasse pourra être autorisée aux conditions ci-après :

A. — *Fabrication journalière maxima inférieure à 500 cartouches chargées en poudre noire ou pyroxylée :*

Aucune prescription spéciale relative à l'aménagement des locaux n'est imposée, sous la réserve que la quantité de poudre nécessaire sera prise sur l'approvisionnement du débit et ne donnera, par conséquent, pas lieu à un approvisionnement spécial.

B. — *Fabrication journalière maxima de 1.500 cartouches chargées en poudre pyroxylée, avec approvisionnement supplémentaire de 10 kilogrammes de cette poudre.* Les prescriptions suivantes seront imposées :

1° Le chargement des cartouches sera effectué dans une pièce séparée du magasin de vente, exclusivement affectée à cet usage et facilement accessible du dehors ; cette pièce sera entretenue en constant état de propreté pour éviter l'accumulation de poussières inflammables. On n'introduira la poudre dans l'atelier que par quantités restreintes de façon que cet atelier ne renferme à aucun moment plus de 2 kilogrammes de poudre nue ou en boîtes. Les cartouches seront évacuées du local de chargement au fur et à mesure de leur fabrication ;

2° Les manipulations se feront autant que possible à la lumière du jour. L'éclairage, s'il est dispensable, sera fait soit par lampes électriques sous double enveloppe avec commutateur extérieur à l'atelier, soit par lampes ordinaires extérieures placées derrière un châssis à glace dormante ;

3° L'approvisionnement supplémentaire de *10* kilogrammes de poudre en boîtes au maximum sera placé dans un local distinct de l'atelier et du magasin de vente et éloigné de l'approvisionnement de poudre de vente en boîtes. Ce local sera accessible du dehors de façon à faciliter l'évacuation de la poudre en cas d'incendie.

C. — *Fabrication journalière maxima de 3.000 cartouches chargées en poudre pyroxylée avec approvisionnement supplémentaire de 20 kilogrammes de cette poudre.* Les prescriptions suivantes seront imposées :

1° L'atelier de chargement des cartouches et le dépôt de l'approvisionnement de poudre supplémentaire seront établis dans des locaux au rez-de-chaussée et non surmontés d'étage ; ils communiqueront directement avec l'extérieur (cour ou rue) dans des conditions assurant l'accès de la voie publique en cas d'incendie d'une partie de l'immeuble et une protection suffisante contre des chances d'inflammation par l'extérieur. Ils seront entretenus en constant état de propreté pour éviter l'accumulation de poussières inflammables. On n'introduira la poudre dans l'atelier que par quantités restreintes de façon que cet atelier ne renferme à aucun moment plus de 2 kilogrammes de poudre nue ou en boîtes. Les cartouches seront évacuées du local de chargement au fur et à mesure de leur fabrication;

2° Les manipulations se feront autant que possible à la lumière du jour. L'éclairage, s'il est indispensable, sera fait soit par lampes électriques sous double enveloppe avec commutateur extérieur à l'atelier, soit par lampes ordinaires extérieures placées derrière un châssis à glace dormante.

Art. 8. — Dans le cas où la livraison des poudres serait faite journellement, la fabrication journalière maxima de 3.000 cartouches chargées en poudre pyroxylée, avec approvisionnement réduit à 10 kilogrammes, sera autorisée aux conditions du paragraphe B.

Art 9. — Aucune fabrication supérieure à 3.000 cartouches par jour chargées en poudre pyroxylée ne sera autorisée dans Paris; il en sera de même pour toute fabrication de cartouches en poudre noire supérieure à 500 cartouches par jour. Ces fabrications pourront être autorisées en banlieue, dans des locaux absolument isolés, et sous des conditions qui seront indiquées pour chaque demande adressée à notre Administration.

Art. 10. — Les limitations fixées par l'article premier ne s'appliquent pas aux commerçants qui ne vendent dans Paris que des cartouches de revolvers, des amorces d'armes de salon et des douilles de chasse non chargées : l'approvisionnement desdits commerçants sera fixé par nous, dans chaque cas particulier, sur leur demande.

Art. 11. — Les ordonnances de police susvisées, en date des 3 février 1821, 21 mai 1835 et 19 juillet 1863 sont abrogées.

Art. 12. — Chaque arrêté, autorisant un débit de poudre ou une fabrique de cartouches, mentionnera les prescriptions spéciales qui seront imposées à l'intéressé.

ORDONNANCE DU 16 MAI 1904
concernant la fabrication et le débit des poudres éclairantes.

NOUS, Préfet de Police, ordonnons ce qui suit :

Fabrication.

Article premier. — Toute personne qui entreprendra ou continuera de fabriquer, pour la vente, des poudres éclairantes devra, conformément à l'ordonnance royale susvisée du 25 juin 1823 qui a rangé la fabrication des différentes sortes de poudres et matières détonantes et fulminantes dans la 1re classe des établissements dangereux, insalubres ou incommodes, demander l'autorisation préfectorale et remplir les formalités exigées par le décret du 15 octobre 1810 et par l'ordonnance royale du 14 janvier 1815.

Art. 2. — Nul ne pourra à l'avenir, dans le ressort de la Préfecture de Police, se livrer à la fabrication des mêmes poudres, pour son usage personnel, dans une maison habitée, sans notre autorisation.

La demande qui nous sera adressée à cet effet devra spécifier : l'emplacement et les détails d'installation du laboratoire, la quantité maxima de poudre à préparer, la nature et la composition de cette poudre, ainsi que la période pour laquelle l'autorisation est sollicitée.

L'autorisation pourra être subordonnée à l'exécution de certaines mesures préservatrices indiquées par l'Administration après examen des lieux par les représentants des services techniques. Elle sera essentiellement révocable, alors même que toutes les conditions de l'arrêté d'autorisation auraient été remplies.

En aucun cas, la fabrication pour l'usage personnel ne sera autorisée pour une quantité de poudre supérieure à 2 kilogrammes.

Débit.

Art. 3. — Toute personne qui entreprendra ou continuera de débiter des poudres éclairantes devra se pourvoir au préalable, à la Préfecture de Police, d'une autorisation qui ne sera délivrée, s'il y a lieu, qu'aux conditions suivantes :

Le débitant ne pourra conserver plus de 2 kilogrammes de ces poudres, libres ou en flacons de capacité supérieure à 10 grammes ; toutefois les spécialités divisées en petites charges de 2 à 3 grammes, préparées pour l'emploi et séparées, dans des étuis qui les mettent à l'abri d'une inflammation en masse, ne compteront dans ce total que pour un dixième de leur valeur.

ORDONNANCE DU 10 JANVIER 1898

concernant le transport et le dépôt sur la voie publique, dans le ressort de la Préfecture de Police, des récipients d'acide carbonique liquide.

NOUS, Préfet de Police, ordonnons ce qui suit :

Article premier. — Dans le ressort de la Préfecture de Police, les fabricants, commerçants et agents de transport ne pourront faire transporter ou déposer sur la voie publique de l'acide carbonique liquide que moyennant la stricte exécution des conditions suivantes :

1° L'acide carbonique liquide devra être pur de tout résidu d'air ;

2° Il devra être renfermé dans des récipients en fer forgé ou en acier doux recuit ;

3° Ces récipients seront soumis, au préalable — aux frais des intéressés — à une épreuve officielle constatant qu'ils supportent, sans fuites, ni déformations permanentes, une pression de 250 kilogrammes par centimètre carré.

Cette épreuve sera renouvelée tous les trois ans;

4° Chaque récipient portera une marque officielle placée à un endroit bien apparent, indiquant : 1° le poids du récipient vide ; 2° la charge en kilogrammes qu'il peut contenir et qui doit être limitée à un kilogramme de liquide pour un litre et trente-quatre centièmes de litre (1 lit. 34) de capacité; 3° la date de la dernière épreuve.

Toutes ces indications devront être poinçonnées par l'agent qui aura procédé à l'épreuve des récipients ;

5° Quand les récipients seront chargés en vrac, ils devront être confectionnés de façon à ne pouvoir rouler ou pourvus d'une garniture extérieure remplissant ce but, et peints en blanc ; en outre, les soupapes et robinets devront être protégés par des chapes ou couvercles, du même métal que les récipients, vissés sur ces derniers et portant le même numéro poinçonné par l'agent qui aura procédé à l'épreuve.

Quand les récipients seront emballés dans des caisses solides, la chape, la garniture extérieure pour empêcher le roulement et la peinture en blanc ne seront pas obligatoires. Les caisses devront d'ailleurs être disposées de manière que les timbres officiels d'épreuves puissent facilement être découverts.

Par exception, la marque officielle des récipients destinés à l'exportation dans les pays qui ont adhéré à la Convention de Berne, du 14 octobre 1890, doit donner le poids du récipient vide, *accessoires compris*. Pour ces récipients la marque devra indiquer clairement, le cas échéant, que la tare comprend le poids de la chape ;

6° Ils ne pourront, en aucun cas, être violemment projetés, ni exposés aux rayons du soleil, ou à la chaleur du feu.

ORDONNANCE DU 26 MAI 1902

concernant le Transport et le Dépôt sur la voie publique, dans le ressort de la Préfecture de Police, des Récipients d'oxygène, hydrogène, gaz d'éclairage de houille et autres gaz comprimés à une pression de plus de 15 kilogrammes par centimètre carré.

NOUS, Préfet de Police, ordonnons ce qui suit :

Article premier. — Dans le ressort de la Préfecture de Police, les fabricants, commerçants et agents de transports ne pourront faire transporter ou déposer sur la voie publique des récipients contenant des gaz comprimés à une pression de plus de 15 kilogrammes par centimètre carré, que moyennant la stricte exécution des conditions suivantes :

1° L'oxygène, l'hydrogène, le gaz d'éclairage de houille et les autres gaz comprimés à une pression de plus de 15 kilogrammes par centimètre carré ne pourront être transportés à une pression supérieure à 200 kilogrammes ;

2° Les envois ne pourront être faits que par des personnes possédant un manomètre réglé et en connaissant le maniement. Ces personnes devront, chaque fois qu'elles en seront requises, adapter le manomètre au récipient, pour permettre de vérifier si la plus haute pression prescrite n'est pas dépassée ;

3° Les récipients devront être des cylindres d'une seule pièce, en acier ou en fer forgé, d'une longueur maximum de 2 mètres et d'un diamètre intérieur maximum de 21 centimètres.

Ces récipients seront soumis, au préalable, aux frais de l'expéditeur, à une épreuve officielle constatant qu'ils supportent, sans fuite ni déformations permanentes, une pression égale à une fois et demie celle des gaz qu'ils contiennent.

Cette épreuve sera renouvelée tous les trois ans.

Les récipients porteront une marque officielle placée à un endroit bien apparent, indiquant la valeur de la pression autorisée et la date de la dernière épreuve.

Ces indications devront être poinçonnées par l'agent qui aura procédé à l'épreuve des récipients ;

4° Les soupapes et robinets des récipients devront être protégés par des chapes ou couvercles en métal vissés sur les récipients

Si les soupapes sont dans l'intérieur du goulot, elles devront être protégées par un bouchon du même métal que le récipient, d'une hauteur d'au moins 25 millimètres, vissé dans le goulot, mais n'en dépassant pas latéralement l'orifice.

Les récipients seront confectionnés de façon à ne pouvoir rouler ou pourvus d'une garniture extérieure atteignant ce but ;

5° Le transport des gaz comprimés devra avoir lieu dans des voitures couvertes ou à panneaux pleins ou dans des voitures spécialement aménagées à cet effet. Dans le dernier cas, les récipients devront être protégés par un revêtement en bois ou par une bâche.

Les récipients ne devront jamais être violemment projetés ni exposés aux rayons du soleil ou à la chaleur du feu.

NOMENCLATURE

des établissements déclarés dangereux, insalubres ou incommodes, avec la date du premier décret de classement.

N. B. — Les renvois précédés d'un astérisque n'existent pas dans les nomenclatures annexées aux décrets de classement. Ils n'ont aucune valeur officielle, et n'ont été introduits qu'à titre de renseignement, et pour faciliter les recherches.

Abattoirs publics. Voir aussi : *Tueries*. — Odeur et altération des eaux, 1ᵉ classe (15 octobre 1810).

Absinthe. Voir : *Distillerie*.

Acétylène gazeux ou comprimé à une atmosphère et demie au plus (Fabrication de l') — (19 juillet 1899). — Antérieurement, 1ᵉ et 3ᵉ classes (24 juin 1997) (1).
Lorsque le volume du gaz approvisionné n'atteint pas 1.000 litres — Odeur et danger d'explosion 3ᵉ classe.
Lorsque ce volume atteint ou dépasse 1000 litres. — Odeur et danger d'explosion, 2ᵉ classe.

Acétylène liquide ou comprimé à plus d'une atmosphère et demie (Dépôt d'). — Danger d'explosion et d'incendie, 1ᵉ classe (17 août 1897).

Acétylène liquide ou comprimé à plus d'une atmosphère et demie (Fabrication de l'). — Odeur et danger d'explosion, 1ᵉ classe (24 juin 1897).

Acide arsénieux (Fabrication ou raffinage de l') par volatilisation et condensation. — Émanations nuisibles, 1ʳᵉ classe (22 juillet 1911).

Acide arsénique (Fabrication de l') au moyen de l'acide arsénieux et de l'acide azotique. — (31 décembre 1866) :
    1º Quand les produits nitreux ne sont pas absorbés. — Vapeurs nuisibles, 1ʳᵒ classe ;
    2º Quand ils sont absorbés. — Vapeurs nuisibles, 2ᵉ classe.

*** Acide azotique**. Voir : *Acide nitrique*.

Acide chlorhydrique (Production de l') par décomposition des chlorures de magnésium, d'aluminium et autres. — (31 décembre 1866) :
    1º Quand l'acide n'est pas condensé. — Émanations nuisibles, 1ᵉ classe ;
    2º Quand l'acide est condensé. — Émanations accidentelles, 2ᵉ classe.
    * Voir : *Baryte, Chiffons, Sulfate de soude*.

Acide fluorhydrique (Fabrication de l'). — Emanations nuisibles, 2ᵉ classe (3 mai 1886).

Acide lactique (Fabrique d'). — Odeur, 2ᵉ classe (7 mai 1878).

Acide muriatique. Voir : *Acide chlorhydrique*.

Acide nitrique (Fabrication de l'). — Émanations nuisibles, 3ᵉ classe (15 octobre 1810).

---

(1) Extrait d'une circulaire ministérielle du 6 décembre 1904 :
La fabrication de l'acétylène revêt le caractère industriel qui la rend susceptible de classement, sous les conditions de volume prévues par la nomenclature des etablissements dangereux, incommodes ou insalubres, dans tous les cas où le gaz est fabriqué pour un *usage non privé*, soit pour la vente au public, soit pour les besoins d'un *établissement industriel* ou *ouvert au public* et comme un travail accessoire des travaux de cet établissement.
Les installations de production de ce gaz pour l'usage strictement privé ne sont pas susceptibles de classement, à la condition que l'acétylène produit ne soit pas vendu au public ou ne serve pas aux besoins d'un établissement industriel, ou ouvert au public.

Acides organiques (Fabrication d'). Voir : *Ammoniaque*.

Acide oxalique (Fabrication de l'). — (31 décembre 1866) :
1° Par l'acide nitrique :
    a) Sans destruction des gaz nuisibles. — Fumée, 1re classe ;
    b) Avec destruction des gaz nuisibles. — Fumée accidentelle, 3e classe.
2° Par la sciure de bois et la potasse. — Fumée, 2e classe.

Acide phénique (Dépôt d') contenant plus de 100 kilogrammes en vases non hermétiquement clos. — Odeur, 2e classe (13 avril 1894).

Acide picrique (Fabrication de l'). — (31 décembre 1866) :
1° Quand les gaz nuisibles ne sont pas brûlés. — Vapeurs nuisibles, 1re classe ;
2° Avec destruction des gaz nuisibles. — Vapeurs nuisibles, 3e classe.

Acide pyroligneux (Fabrication de l'). — (31 décembre 1866). — Antérieurement : 1re classe (14 janvier 1815) :
1° Quand les produits gazeux ne sont pas brûlés. — Fumée et odeur, 2e classe ;
2° Quand les produits gazeux sont brûlés. — Fumée et odeur, 3e classe

Acide pyroligneux (Purification de l'). — Odeur, 2e classe (31 décembre 1866). — Antérieurement : 1re classe (14 janvier 1815).

Acide salicylique (Fabrication de l') au moyen de l'acide phénique. — Odeur, 2e classe (26 février 1881).

Acide stéarique (Fabrication de l'). — (31 décembre 1866) :
1° Par distillation. — Odeur et danger d'incendie, 1re classe ;
2° Par saponification. — Odeur et danger d'incendie, 2e classe.

*** Acide sulfureux** (Blanchiment par l'). — Voir : *Blanchiment, Pailles*.

Acide sulfurique (Fabrication de l) :
1° Par combustion du soufre et des pyrites. — Émanations nuisibles, 1re classe (15 octobre 1810) ;
2° De Nordhausen, par décomposition du sulfate de fer. — Émanations nuisibles, 1re classe (31 décembre 1866).

*** Acide sulfurique anhydre**. — Voir : *Anhydride sulfurique*.

Acide urique. — Voir : *Murexide*.

Acier (Fabrication de l'). — Fumée, 3e classe (31 décembre 1866). — Antérieurement, 2e classe (14 janvier 1815).

Affinage de l'or et de l'argent par les acides. — Émanations nuisibles, 1re classe (31 décembre 1866). — Antérieurement, 1re et 2e classes (9 février 1825).

Affinage des métaux au fourneau. — Voir : *Grillage des minerais*.

Agglomérés ou briquettes de houille (Fabrication des). — (31 décembre 1866) :
1° Au brai gras. — Odeur et danger d'incendie, 2e classe ;
2° Au brai sec. — Odeur, 3e classe.

Albumine (Fabrication de l') au moyen du sérum frais du sang. — Odeur, 3e classe (31 décembre 1866).

Alcali volatil. — Voir : *Ammoniaque*.

*** Alcool carburé** (Dépôt d'). — Voir : *Calorigène, Liquides pour l'éclairage*.

Alcool (Dépôt d') d'un titre supérieur à 40° alcoométriques (6 juillet 1896) :
En fûts de bois pour le tout ou partie : approvisionnement correspondant à un stock supérieur à 150 hectolitres d'alcool absolu. — Danger d'incendie, 3e classe ;
En réservoirs métalliques : approvisionnement correspondant à un stock supérieur à 1.500 hectolitres d'alcool absolu. — Danger d'incendie, 3e classe.

Alcool méthylique ou méthylène du commerce (Dépôt d'). — (6 juillet 1896).
En bonbonnes ou en fûts de bois pour le tout ou partie :
1° Approvisionnement correspondant à un stock de plus de 30 hectolitres et ne dépassant pas 150 hectolitres d'alcool méthylique pur. — Danger d'incendie, 3e classe ;
2° Approvisionnement correspondant à un stock de plus de 150 hectolitres. — Danger d'incendie, 2e classe.

En réservoirs métalliques :

1° Approvisionnement correspondant à un stock de plus de 150 hectolitres et ne dépassant pas 750 hectolitres. — Danger d'incendie, 3ᵉ classe ;

2° Approvisionnement correspondant à un stock de plus de 750 hectolitres. — Danger d'incendie, 2ᵉ classe.

Alcool (Rectification de l'). — Danger d'incendie, 2ᵉ classe (31 décembre 1866).

Alcool (Usines de dénaturation de l') par mélange avec des hydrocarbures de la 1ʳᵉ catégorie (art. 1ᵉʳ du décret du 19 mai 1873, modifié par décret du 19 septembre 1903), comportant :
Un approvisionnement d'hydrocarbures de plus de 1.500 litres. — Odeur, danger d'incendie, 1ʳᵉ classe ;
Un approvisionnement d'hydrocarbures de 1.500 litres et au-dessous. — Odeur, danger d'incendie, 3ᵉ classe (27 novembre 1903).

Alcools autres que de vin, sans travail de rectification. — Altération des eaux, 3ᵉ classe (31 décembre 1866).

Alcools autres que de vin, sans travail de rectification. (Distillerie agricole.) — Altération des eaux, 3ᵉ classe (31 décembre 1866).

Aldéhyde (Fabrication de l'). — Danger d'incendie, 1ʳᵉ classe (31 décembre 1866).

Alizarine artificielle (Fabrication de l') au moyen de l'anthracène. — Odeur et danger d'incendie, 2ᵉ classe (3 mai 1866).

Allume-feux résinés (Fabrication des). — Odeur et danger d'incendie, 2ᵉ classe (6 juillet 1896).

Allumettes chimiques (Dépôt d'). — (7 mai 1878).
1° En quantités au-dessus de 25 mètres cubes. — Danger d'incendie, 2ᵉ classe ;
2° De 5 à 25 mètres cubes. — Danger d'incendie, 3ᵉ classe.

Allumettes chimiques (Fabrication des). — Danger d'explosion ou d'incendie, 1ʳᵉ classe (25 juin 1823).

Aluminium et ses alliages (Fabrication de l') par procédés électro-métallurgiques en faisant usage des fluorures (6 juillet 1896) :
1° Quand les vapeurs fluorhydriques ne sont pas condensées. — Vapeurs nuisibles, 1ʳᵉ classe ;
2° Quand les vapeurs sont condensées. — Vapeurs nuisibles, 2ᵉ classe.

Alun. Voir : *Sulfate de fer, d'alumine,* etc. — (15 octobre 1810).

Amidon grillé (Fabrication de l'). — Odeurs, 3ᵉ classe (20 juin 1883).

Amidonneries :
1° Par fermentation. — Odeurs, émanations nuisibles et altération des eaux, 1ʳᵉ classe (15 octobre 1810) ;
2° Par séparation du gluten et sans fermentation. — Altération des eaux, 2ᵉ classe (6 mai 1849).

*****Ammoniacaux** (Sels). Voir : *Sel ammoniac.*

Ammoniaque (Fabrication en grand de l') par la décomposition des sels ammoniacaux. — Odeur, 3ᵉ classe (31 mai 1833).

Ammoniaque, d'acides organiques, de sulfate de potasse et éventuellement de cyanures (Fabrication d') par la fermentation des vinasses ou de liquides analogues d'origine végétale et par le traitement de ces vinasses ou de ces liquides. — Odeurs et émanations nuisibles 1ʳᵉ classe (3 septembre 1913).

Amorces fulminantes (Fabrication des). — Danger d'explosion, 1ʳᵉ classe (25 juin 1823).

Amorces fulminantes pour pistolets d'enfants (Fabrication des). — Danger d'explosion, 2ᵉ classe (31 janvier 1872).

Anhydride sulfurique (Fabrication de l') par la combinaison de l'acide sulfureux et de l'oxygène au moyen des substances dites de contact. — Fumées, émanations dangereuses, 1ʳᵉ classe, (18 septembre 1899).

Aniline. Voir : *Nitrobenzine.*

*****Apprêtage** des peaux. Voir: *Peaux.*

Arcanson ou résine de pin. Voir : *Résines, etc.*

***Argent**. Voir : *Affinage, Batteurs. etc.*

Argenture des glaces avec application de vernis aux hydrocarbures. — Odeur et danger d'incendie, 2ᵉ classe (7 mai 1878).

Argenture sur métaux. Voir : *Dorure et argenture.*

Arséniate de potasse (Fabrication de l') au moyen du salpêtre. — (31 décembre 1866);
    1° Quand les vapeurs ne sont pas absorbées. — Émanations nuisibles, 1ʳᵒ classe ;
    2° Quand les vapeurs sont absorbées. — Émanations accidentelles, 2ᵉ classe.

Artifices (Dépôts de pièces d'). (17 août 1897 : (1)
    De 2.000 kilogrammes et au-dessus. — Danger d'explosion et d'incendie, 1ʳᵉ classe ;
    De 300 kilogrammes à 2.000 kilogrammes exclusivement. — Danger d'explosion et d'incendie,
2ᵉ classe ;
    De 100 kilogrammes à 300 kilogrammes exclusivement. — Danger d'explosion et d'incendie.
3ᵉ classe.

Artifices (Fabrication des pièces d'). — Danger d'incendie et d'explosion, 1ʳᵉ classe (15 octobre 1810).

Asphaltes, bitumes, brais et matières bitumineuses solides (Dépôts d'). — Odeur, danger d'incendie, 3ᵉ classe (31 décembre 1866).

Asphaltes et bitumes (Travail des) à feu nu. — Odeur, danger d'incendie, 2ᵉ classe (9 février 1825).

Ateliers de construction de machines et wagons. Voir : *Machines et wagons.*

***Azotates**. Voir : *Nitrates métalliques.*

Bâches imperméables (Fabrication des). — (31 décembre 1866).
    1° Avec cuisson des huiles. — Danger d'incendie, 1ʳᵉ classe.
    2° Sans cuisson des huiles. — Danger d'incendie, 2ᵉ classe.

Bains et boues provenant du dérochage des métaux (Traitement des). — (20 juin 1883) :
    1° Si les vapeurs ne sont pas condensées. — Vapeurs nuisibles, 1ʳᵉ classe ;
    2° Si les vapeurs sont condensées. — Vapeurs accidentelles, 2ᵉ classe.

Baleine (Travail des fanons de). Voir : *Fanons de baleines.*

Baryte caustique par décomposition du nitrate (Fabrication de la). — (20 juin 1883) :
    1° Si les vapeurs ne sont ni condensées ni détruites. — Vapeurs nuisibles, 1ʳᵉ classe ;
    2° Si les vapeurs sont condensées ou détruites. — Vapeurs accidentelles, 2ᵉ classe.

Baryte (Décoloration du sulfate de) au moyen de l'acide chlorhydrique à vases ouverts. — Émanations nuisibles, 2ᵉ classe (31 décembre 1866).

Battage, cardage et épuration des laines, crins et plumes de literie. — Odeur et poussière, 3ᵉ classe (31 décembre 1866).

Battage des cuirs à l'aide de marteaux. — Bruit et ébranlement, 3ᵉ classe (31 décembre 1866).

Battage des tapis en grand. — Bruit et poussière, 2ᵉ classe (21 mai 1862).

Battage et lavage (Ateliers spéciaux pour les) des fils de laine, bourres et déchets de filature de laine et de soie dans les villes. — Bruit et poussière, 3ᵉ classe (31 mai 1833).

Batteurs d'or et d'argent. — Bruit, 3ᵉ classe (14 janvier 1815).

Battoir à écorces dans les villes. — Bruit et poussière, 3ᵉ classe (31 décembre 1866). — Antérieurement, 2ᵉ classe (25 septembre 1828).

Benzine (Dérivés de la). Voir : *Nitrobenzine.*

Benzine (Fabrication et dépôts de). Voir : *Huiles de pétrole, de schiste, etc.*

Betteraves (Dépôts de pulpes de) humides destinées à la vente. — Odeur, émanations, 3ᵉ classe (22 avril 1879).

Bitumes (Fabrication et dépôts de). Voir : *Asphaltes.*

Blanc de plomb. Voir : *Céruse.*

---

(1) Un décret du 20 juin 1915, en déclassant les *dépôts* de pièces d'artifices, les soumet à un régime spécial.

Blanc de zinc (Fabrication de) par la combustion du métal. — Fumées métalliques, 3ᵉ classe (31 décembre 1866).

Blanchiment. — (5 novembre 1826):
1° Des fils, des toiles et de la pâte à papier par le chlore. — Odeurs, émanations nuisibles, 2ᵉ classe;
2° Des fils et tissus de lin, de chanvre et de coton par les chlorures (hypochlorites) alcalins. — Odeur, altération des eaux, 3ᵉ classe.
3° Des fils et tissus de laine et de soie par l'acide sulfureux. — Émanations nuisibles, 2ᵉ classe.
*Voir : *Pailles et autres fibres végétales.*

Blanchiment des fils et tissus de laine et de soie par l'acide sulfureux en dissolution dans l'eau. — Emanations accidentelles. 3ᵉ classe (7 mai 1878).

Bleu de Prusse (Fabrication du). Voir : *Cyanure de potassium.*

Bleu d'outremer (Fabrication du). — (3 mai 1886):
1° Lorsque les gaz ne sont pas condensés. — Emanations nuisibles, 1ʳᵉ classe.
2° Lorsque les gaz sont condensés. — Émanations accidentelles, 2ᵉ classe.

Bocards à minerais ou à crasses. — Bruit, 3ᵉ classe (31 janvier 1872).

*Bois** (Machines à travailler le). Voir : *Scieries.*

*Boues de dérochage. Voir : *Bains et boues de dérochage.*

Boues et immondices (Dépôts de) et voiries. — Odeur, 1ʳᵉ classe (9 février 1825).
*Voir: *Ordures ménagères.*

Bougies. Voir : *Acide stéarique.*

Bougies de paraffine et autres d'origine minérale (Moulage des). — Odeur, danger d'incendie, 3ᵉ classe (31 décembre 1866).

Bougies et autres objets en cire et en acide stéarique. — Danger d'incendie, 3ᵉ classe (31 décembre 1866).

Bouillon de bière (Distillation de). Voir : *Distillerie.*

Boules au glucose caramélisé pour usage culinaire (Fabrication des). — Odeur, 3ᵉ classe (7 mai 1878).

Bourre. Voir : *Battage, lavage des fils de laine, etc.*

Boutonniers et autres emboutisseurs de métaux par moyens mécaniques. — Bruit, 3ᵉ classe (15 octobre 1810).

Boyauderies (Travail des boyaux frais pour tous usages). — Odeur, émanations nuisibles, 1ʳᵉ classe (15 octobre 1810).

Boyaux et pieds d'animaux abattus (Dépôts de). Voir : *Chairs et débris.*

Boyaux salés destinés au commerce de la charcuterie (Dépôts de). — Odeur, 2ᵉ classe (7 mai 1878).

*Brais. Voir : *Asphaltes, bitumes.*

*Brais végétaux. Voir: *Goudrons.*

*Braise (Fabrication de). Voir : *Carbonisation du bois.*

Brasseries. — Odeur, 3ᵉ classe (15 octobre 1810).

Briqueteries avec fours non fumivores. Fumée, 3ᵉ classe (31 décembre 1866). — Antérieurement : 2ᵉ classe (14 janvier 1815).

Briqueteries flamandes. — Fumée, 2ᵉ classe (14 janvier 1815).

Briquettes ou agglomérés de houille. Voir : *Agglomérés.*

*Bronze. Voir : *Fonderies.*

Brûlage de vieilles boîtes et autres objets en fer-blanc. — Odeur, fumée, 3ᵉ classe (13 avril 1894).

Brûleries des galons et tissus d'or ou d'argent. Voir : *Galons.*

Buanderies. — Altération des eaux, 3e classe (14 janvier 1815).

Café (Torréfaction en grand du). — Odeur et fumée, 3e classe (31 décembre 1866).

Caillettes et Caillons pour la confection des fromages. Voir : *Chairs et débris*.

***Cailloux.** Voir : *Moulins*.

Cailloux (Fours pour la calcination des). — Fumée, 3e classe (31 décembre 1866), antérieurement 2e classe (5 novembre 1826).

Calcination des cailloux. Voir : *Cailloux*.

***Calcination des os.** Voir : *Carbonisation des matières animales*.

Calorigène (Dépôt de) et mélanges de ce genre. — Danger d'incendie, 2e classe (20 juin 1883).

Caoutchouc (Application des enduits du). — Danger d'incendie, 2e classe (31 décembre 1866).

Caoutchouc (Régénération du). — Odeur, altération des eaux, 2e classe (27 novembre 1903).

Caoutchouc (Travail du) avec emploi d'huiles essentielles ou de sulfure de carbone. — Odeur, danger d'incendie, 2e classe (31 décembre 1866).

Caoutchoucs factices ou caoutchoucs des huiles (Fabrication des). — (15 mars 1890) :
A froid. — Odeur 2e classe ;
A chaud. — Odeur et danger d'incendie, 1re classe.

***Caramel.** Voir : *Boules au glucose*.

***Carbonisation de la tourbe.** Voir : *Tourbe*.

Carbonisation des matières animales en général. — Odeur, 1re classe (31 décembre 1866).

***Carbonisation des ordures ménagères.** Voir : *Ordures ménagères*.

Carbonisation du bois :
1o A l'air libre dans des établissements permanents et autre part qu'en forêt. — Odeur et fumée, 2e classe (20 septembre 1828) ;
2e En vase clos :
Avec dégagement dans l'air des produits gazeux de la distillation. — Odeur et fumée, 2e classe (15 octobre 1810) ;
Avec combustion des produits gazeux de la distillation. — Odeur et fumée, 3e classe (31 décembre 1866).

Carbure de calcium et carbures présentant des dangers analogues (Fabriques de). — Odeur et poussières nuisibles, 1re classe (24 juin 1897).

Cardage des laines, etc. Voir : *Battage*.

***Carton bitumé.** Voir : *Toiles grasses*.

Cartonniers. — Odeurs, 3e classe (15 octobre 1810).

***Cartouches de guerre.** Voir : *Fabriques, etc.*

***Cartouches de poudre de mine.** — Voir : *Poudre de mine*.

Celluloïd brut ou façonné (Dépôts de) — (31 août 1905), renfermant :
1o Plus de 10 kilogrammes et moins de 200 kilogrammes. — Danger d'incendie, 3e classe ;
2o De 200 à 800 kilogrammes. — Danger d'incendie, 2e classe ;
3o 800 kilogrammes et plus. — Danger d'incendie, 1re classe.
[Antérieurement . 3e classe (20 juin 1883). — 2e et 3e classes (15 mars 1890). — Moins de 300 kilogr., 3e classe ; de 300 à 800 kilogr., 2e classe ; 800 kilogr., et plus 1re classe (13 avril 1894).]

Celluloïd en dissolution (Dépôt de) dans l'alcool et l'éther, l'acétone, l'éther acétique, renfermant plus de 20 litres. — Danger d'incendie, 2e classe (13 avril 1894) (1).

Celluloïd et produits nitrés analogues (**Fabrication** du). — Vapeurs nuisibles, danger d'incendie, 1re classe (26 février 1881).

---

(1) La solution de collodion camphrée est considérée comme solution de celluloïd (Circulaire ministérielle du 17 août 1909).

Celluloïd (Ateliers de façonnage du) renfermant :

1° Plus de 5 kilogrammes et moins de 200 kilogrammes (31 août 1905). — Danger d'incendie, 2° classe

2° 200 kilogrammes et plus. — Danger d'incendie, 1re classe (31 août 1905). — Antérieurement 2° classe (26 février 1881).

Cendres de varechs (Lessivage de) pour l'extraction des sels de potasse. — Émanations nuisibles, 3° classe (6 juillet 1896).

Cendres d'orfèvre (Traitement des) par le plomb. — Fumées métalliques, 3° classe (14 janvier 1815).

Cendres gravelées. — (14 janvier 1815) :

1° Avec dégagement de la fumée au dehors. — Fumée et odeur, 1re classe ;

2° Avec combustion ou condensation des fumées. — Fumée et odeur, 2° classe.

Céruse ou blanc de plomb (Fabrication de la). — Émanations nuisibles, 3° classe (31 décembre 1866). — Antérieurement : 2° classe (15 octobre 1810).

Chairs, débris et issues (Dépôts de) provenant de l'abatage des animaux. — Odeur, 1re classe (9 février 1825).

Chamoiseries. — Odeur, 2° classe (14 janvier 1815).

Chandelles (Fabrication des). — Odeur, danger d'incendie, 3° classe (31 décembre 1866). — Antérieurement : 2° classe (15 octobre 1810).

*__Chanvre.__ Voir : *Blanchiment.*

Chanvre (Teillage et rouissage du) en grand. Voir : *Teillage ou rouissage.*

Chanvre imperméable. Voir : *Feutre goudronné.*

Chapeaux de feutre (Fabrication de). — Odeur et poussière, 3° classe (31 décembre 1866). — Antérieurement : 2° classe (14 janvier 1815).

Chapeaux de soie ou autres préparés au moyen d'un vernis (Fabrication de). — Danger d'incendie, 2° classe (27 janvier 1837).

Chapeaux vernis. Voir : *Huiles oxydées, etc.*

Charbon animal (Fabrication ou revivification du). Voir : *Carbonisation des matières animales.*

*__Charbon de bois.__ Voir : *Carbonisation du bois.*

Charbons agglomérés. Voir : *Agglomérés. * Crayons de graphite.*

Charbons de bois dans les villes (Dépôt ou magasins de). — Danger d'incendie, 3° classe (9 février 1825)

Charbons de terre. Voir : *Houille et Coke.*

*__Charrées de soude.__ Voir : *Mares, etc.*

Chaudronnerie de grosses œuvres. Voir : *Forges de grosses œuvres.*

Chaudronnerie et Serrurerie (Ateliers de) employant des marteaux à la main, dans les villes et centres de population de 2.000 âmes et au-dessus. — (7 mai 1878) :

1° Ayant de 4 à 10 étaux ou enclumes ou de 8 à 20 ouvriers. — Bruit, 3° classe.

2° Ayant plus de 10 étaux ou enclumes ou plus de 20 ouvriers. — Bruit, 2° classe.

*__Chaux.__ Voir : *Moellons.*

Chaux (Fours à) :

1° Permanents. — Fumées, poussières, 2° classe (29 juillet 1818). — Antérieurement : 1re classe (15 octobre 1810).

2° Ne travaillant pas plus d'un mois par an. — Fumée, poussière, 3° classe (14 janvier 1815).

Chicorée (Torréfaction en grand de la). — Odeur et fumée, 3° classe (3 mai 1886).

*__Chiens__ (Tourneurs de). Voir : *Fourrures.*

Chiens (Infirmeries de). — Odeur et bruit, 1re classe (31 décembre 1866).

Chiffons (Dépôts de). — Odeur, 3° classe (31 décembre 1866). Antérieurement : 1re classe (15 octobre 1809). 2° classe (14 janvier 1815).

Chiffons (Traitement des) pour la vapeur de l'acide chlorhydrique (7 mai 1878) :

1° Quand l'acide n'est pas condensé. — Émanations nuisibles, 1re classe.

2° Quand l'acide est condensé. — Émanations accidentelles, 3° classe.

Chlorate de potasse (Fabrication du) par électrolyse. — Poussières, 3e classe (13 avril 1894).

***Chlore** (Blanchiment par le). Voir : *Blanchiment*.

Chlore (Fabrication du). — Odeur, 2e classe (14 janvier 1815).

Chlorure de chaux (Fabrication du) :
    1° En grand. — Odeur, 2e classe (31 décembre 1866). — Antérieurement : 1re classe (31 mai 1833).
    2° Dans les ateliers fabriquant au plus 300 kilogrammes par jour. — Odeur, 3e classe (31 décembre 1866). — Antérieurement : 2e classe (31 mai 1833).

Chlorures alcalins (eau de Javel) (Fabrication des). Odeur, 2e classe (26 août 1865). Antérieurement : 1re et 2e classe (9 février 1825).

Chlorures de plomb (Fonderies de). — Émanations nuisibles, 2e classe (15 mars 1890).

Chlorures de soufre (Fabrication des). — Vapeurs nuisibles, 1re classe (26 février 1881).

Choucroute (Atelier de fabrication de la). — Odeur, 3e classe (20 juin 1883).

Chromate de potasse (Fabrication du). — Odeur, 3e classe (31 décembre 1866). Antérieurement : 2e classe (31 mai 1833).

Chrysalides (Ateliers pour l'extraction des parties soyeuses des). — Odeur, 1re classe (31 décembre 1866).

Ciment (Fours à). — (31 janvier 1872) :
    1° Permanents. — Fumée, poussière, 2e classe ;
    2° Ne travaillant pas plus d'un mois par an. — Fumée, poussière, 3e classse.

Ciment de laitier ou de scories (Fabrication du). — Poussières, 2e classe (31 août 1905).

***Cire**. Voir : *Bougies*.

Cire à cacheter (Fabrication de la). — Danger d'incendie, 3e classe (31 décembre 1866). — Antérieurement : 2e classe (14 janvier 1815).

Cochenille ammoniacale (Fabrication de la). — Odeur, 3e classe (31 décembre 1866).

Cocons. — (31 décembre 1866) :
    1° Traitement des frisons de cocons. — Altération des eaux, 2e classe ;
    3° Filature de cocons. Voir : *Filature*.

Coke (Fabrication du). — (31 décembre 1866) :
    1° En plein air ou en fours non fumivores. — Fumée et poussière, 1re classe ;
    2° En fours fumivores. — Poussière, 2e classe.

***Colcothar**. Voir : *Rouge de Prusse, etc.*

Colle de peaux et colle de pâte (Fabriques de). — Odeur des résidus, 3e classe (24 juin 1897).

Colle forte (Fabrication de la). — Odeur, altération des eaux, 1re classe (15 octobre 1810).

Collodion (Fabrique de). — Danger d'explosion ou d'incendie, 1re classe (7 mai 1878).

Collodion camphré. Voir : *Celluloïd*.

Combustion des plantes marines dans les établissements permanents. — Odeur et fumée. 1re classe (27 mai 1838).

Constructions (Ateliers de). Voir : *Machines et wagons*.

***Cordages**. Voir : *Étoupes*.

Cordes à instruments en boyaux (Fabrication de). — Voir : *Boyauderies*.

***Cordes goudronnées**. Voir : *Toiles grasses*.

Cornes et sabots (Aplatissement des). — (20 juin 1883) :
    1° Avec macération. — Odeur et altération des eaux, 2e classe ;
    2° Sans macération. — Odeur 3e classe.

Corroiries. — Odeur, 2e classe (15 octobre 1810).

***Coton.** — Voir : *Blanchiment.*

Coton et coton gras (Blanchisserie des déchets de). — Altération des eaux, 3e classe (31 décembre 1866).

***Coton-poudre.** Voir : *Collodion.*

***Couperose verte.** Voir : *Sulfate de protoxyde de fer.*

Crayons de graphite pour éclairage électrique (Fabrication des). — Bruit et fumée, 2e classe (3 mai 1866).

Cretons (Fabrications de). — Odeur et danger d'incendie, 1re classe (15 octobre 1810).

***Crins de literie.** Voir ; *Battage.*

Crins et soies de porc. Voir : *Soies de porc.*

Crins (Teinture des). Voir : *Teintureries.*

***Cristalleries.** Voir : *Verreries, etc.*

Cuirs (Battage des). Voir : *Battage.*

Cuirs vernis (Fabrication de). — Odeur et danger d'incendie, 1re classe (15 octobre 1810).

Cuirs verts et peaux fraiches (Dépôts de). — Odeur, 2e classe ; cuirs verts (15 octobre 1810), peaux fraiches (27 janvier 1837).

Cuivre (Dérochage du) par les acides — Odeur, émanations nuisibles, 3e classe (31 décembre 1866). — Antérieurement : 2e classe (20 septembre 1828).

Cuivre (Extraction du) par grillage chlorurant des résidus de grillage des pyrites. — Émanations nuisibles, 1re classe (22 décembre 1900).

Cuivre (Fonte du). Voir : *Fonderies, etc.*

Cuivre (Trituration des composés du). — Poussières, 3e classe (26 janvier 1892).

Cyanure (Fabrication du). Voir : *Ammoniaque.*

Cyanure de potassium et bleu de Prusse (Fabrication de) :

    1° Par la calcination directe des matières animales avec la potasse. — Odeur, 1re classe (15 octobre 1810) ;

    2° Par l'emploi de matières préalablement carbonisées en vases clos — Odeur, 2e classe (31 décembre 1866).

'Cyanure rouge de potassium ou prussiate rouge de potasse. — Émanations nuisibles, 3e classe (31 décembre 1866).

Débris d'animaux (Dépôts de). Voir : *Chairs, etc.*

***Déchets de filature de laine et de soie.** Voir : *Battage.*

Déchets de laines (Dégraissage des). Voir : *Peaux.*

Déchets de matières filamenteuses (Dépôts de) en grand dans les villes. — Danger d'incendie 3e classe (31 décembre 1866).

Déchets des filatures de lin, de chanvre et de jute (Lavage et séchage en grand des). — Odeurs, altération des eaux, 2e classe (31 janvier 1872).

***Dégraissage.** Voir : *Peaux, Huiles de pétrole, etc.*

Dégras ou huile épaisse à l'usage des chamoiseurs ou corroyeurs (Fabrication de) — Odeur, danger d'incendie, 1re classe (9 février 1825).

***Dépotoirs.** Voir : *Engrais (Dépôts).*

***Dérochage des métaux.** Voir : *Bains et boues, etc.*

Dérochage du cuivre. Voir : *Cuivre.*

***Dérochage du fer** Voir : *Fer.*

***Dextrine**. Voir : *Amidon grillé*.

Distilleries en général eau-de-vie, genièvre, kirsch, absinthe et autres·liqueurs alcooliques. — Danger d'incendie, 3ᵉ classe (31 décembre 1866). — Antérieurement : 2ᵉ classe (15 octobre 1810).

*** Distilleries ou fabriques d'alcool**. Voir : *Alcools autres que de vin, etc.*

Dorure et argenture sur métaux. — Émanations nuisibles, 3ᵉ classe (15 octobre 1810).

***Draps**. Voir : *Épaillage*.

***Drogues**. Voir : *Pileries mécaniques*.

Dynamite (Fabriques et dépôts de). — Régime spécial (loi du 8 mars 1875 et décrets des 24 août 1875, 20 avril 1904 et 19 mai 1905).
Fabriques. — 1ʳᵉ classe.
 Dépôts : 1° contenant plus de 50 kilogrammes. — 1ʳᵉ classe.
    2° contenant de 5 à 50 kilogrammes. — 2ᵉ classe.
    3° contenant moins de 5 kilogrammes. — 3ᵉ classe.

Eau de Javel (Fabrication d'). Voir : *Chlorures alcalins*.

Eau-de-vie. Voir : *Distilleries*.

Eau forte. Voir : *Acide nitrique*.

Eau oxygénée (Fabrique d'). Voir : *Baryte caustique*.

Eaux grasses (Extraction pour la fabrication du savon et autres usages, des huiles contenues dans les) :
 1° En vases ouverts. — Odeur, danger d'incendie, 1ʳᵉ classe (31 décembre 1866). — Antérieurement : 2ᵉ classe (20 septembre 1828) ;
 2° En vases clos. — Odeur, danger d'incendie, 2ᵉ classe (20 septembre 1828).

Eaux savonneuses des fabriques. Voir : *Huiles extraites des débris d'animaux*.

Echaudoirs :
 1° Pour la préparation industrielle des débris d'animaux. — Odeur, 1ʳᵉ classe (15 octobre 1810).
 2° Pour la préparation des parties d'animaux propres à l'alimentation. — Odeur, 3ᵉ classe (31 mai 1833).

Écorces (Battoirs à). Voir : *Battoirs*.

Émail (Application de l') sur les métaux. — Fumée, 3ᵉ classe (31 décembre 1866).

Émaux (Fabrication d') avec fours non fumivores. — Fumée, 3ᵉ classe (20 septembre 1828). — Antérieurement : 1ʳᵉ classe (14 janvier 1815).

***Emboutissage des métaux**. Voir : *Boutonniers*.

Encres d'imprimerie (Fabrication des) :
 1° Avec cuisson d'huile à feu nu. — Odeur et danger d'incendie, 1ʳᵉ classe (14 janvier 1815) ;
 2° Sans cuisson d'huile à feu nu. — Odeur et danger d'incendie, 2ᵉ classe (3 mai 1886). — Antérieurement : 1ʳᵉ classe (14 janvier 1815).

***Enduits du caoutchouc**. Voir : *Caoutchouc*.

Engrais (Dépôts d') au moyen de matières provenant de vidanges ou de débris d'animaux :
 1° Non préparés ou en magasin non couvert. Odeur, 1ʳᵉ classe : vidanges (15 octobre 1810) ; débris d'animaux (9 février 1825) ;
 2° Desséchés ou désinfectés et en magasin couvert, quand la quantité excède 25.000 kilogrammes — Odeur, 2ᵉ classe (31 décembre 1866) ;
 3° Les mêmes quand la quantité est inférieure à 25.000 kilogrammes. — Odeur, 3ᵉ classe (31 décembre 1866).

Engrais (Fabrication des) au moyen des matières animales. — Odeur, 1ʳᵉ classe (9 février 1825).

Engrais et insecticides à base de goudron ou de résidus d'épuration du gaz (Fabrication d'). — (15 mars 1890) :
 A l'air libre. — Odeur et danger d'incendie, 1ʳᵉ classe ;
 En vase clos. — Odeur et danger d'incendie, 2ᵉ classe.

Engraissement des volailles dans les villes (Établissement pour l'). — Odeur, 3ᵉ classe (31 mai 1833).

Épaillage des laines et draps par la voie humide. — Danger d'incendie, 3ᵉ classe (3 mai 1886).

Éponges (Lavage et séchage des). — Odeur et altération des eaux, 3ᵉ classe (31 mai 1866). — Antérieurement : 2ᵉ classe (27 janvier 1837).

Épuration des laines, etc. Voir : *Battage.*

Équarrissage des animaux. — Odeur, émanations nuisibles, 1ʳᵉ classe (15 octobre 1810).

*****Estampage.** Voir : *Miroirs métalliques, etc..*

Étamage des glaces. — Émanations nuisibles, 3ᵉ classe (14 janvier 1815).

Éther (Dépôts d') :
1° Si la quantité emmagasinée est, même temporairement, de 1.000 litres ou plus. — Danger d'incendie et d'explosion, 1ʳᵉ classe (27 janvier 1837) ;
2° Si la quantité, supérieure à 100 litres, n'atteint pas 1.000 litres. — Danger d'incendie et d'explosion, 2ᵉ classe (31 janvier 1872). — Antérieurement : 1ʳᵉ classe (27 janvier 1837).

Éther (Distillation de l'). — (18 septembre 1899) :
1° Si la quantité de liquide éthéré distillée à la fois est comprise entre 10 et 30 litres. — Danger d'explosion et d'incendie, 2ᵉ classe ;
2° Si la quantité de liquide éthéré distillée à la fois dépasse 30 litres. — Danger d'explosion et d'incendie, 1ʳᵉ classe.

Éther (Fabrication d'). — Danger d'incendie et d'explosion, 1ʳᵉ classe (27 janvier 1837).

Étoffes (Dégraissage des). Voir : *Péaux.*

Étoupes (Transformation en) des cordages hors de service, goudronnés ou non. — Danger d'incendie, 3ᵉ classe (7 mai 1878).

Étoupilles (Fabrication d') avec matières explosibles. — Danger d'explosion et d'incendie, 1ʳᵉ classe (25 juin 1823).

Fabriques et dépôts de cartouches de guerre destinées à l'exportation. — Danger d'explosion et d'incendie, 1ʳᵉ classe (5 mai 1888) (1).

Faïence (Fabrique de) :
1° Avec fours non fumivores. — Fumée, 2ᵉ classe (14 janvier 1815).
2° Avec fours fumivores. — Fumée accidentelle, 3ᵉ classe (31 décembre 1866).

Fanons de baleine (Travail des). — Émanations incommodes, 3ᵉ classe (27 mai 1838).

Féculeries. — Odeur, altération des eaux, 3ᵉ classe (9 février 1825).

Fer (Dérochage du). — Vapeurs nuisibles, 3ᵉ classe (7 mai 1878).

Fer (Galvanisation du). — Vapeurs nuisibles, 3ᵉ classe (7 mai 1878).

Fer-blanc (Fabrication du). — Fumée, 3ᵉ classe (14 janvier 1815).

*****Fer-blanc.** Voir : *Brûlage de vieilles boîtes.*

*****Feutre.** Voir : *Chapeaux de feutre.*

Feutre goudronné (Fabrication du). — Odeur, danger d'incendie, 2ᵉ classe (31 mai 1833).

Feutres et visières vernis (Fabrication de). — Odeur, danger d'incendie, 1ʳᵉ classe (5 novembre 1826).

*****Fibres végétales** (Blanchiment de). Voir : *Pailles.*

Filature des cocons (Ateliers dans lesquels la) s'opère en grand, c'est-à-dire employant au moins six tours. — Odeur, altération des eaux, 3ᵉ classe (31 décembre 1866). Antérieurement : 2ᵉ classe (27 mai 1838).

*****Fils** Voir : *Blanchiment.*

Fonderies de cuivre, laiton et bronze. — Fumées métalliques, 3ᵉ classe (31 décembre 1866). Antérieurement : 2ᵉ classe (15 octobre 1810).

---

(1) Un décret du 20 juin 1915, en déclassant les *dépôts* de cartouches de guerre, les soumet à un régime spécial.

Fonderies en deuxième fusion. — Fumée, 3e classe (31 décembre 1866).

*** Fonderies de Graisses, de Suifs**. Voir ces mots.

*** Fonte de fer**. Voir : *Fourneaux (Hauts-)*.

Fonte et laminage du plomb, du zinc et du cuivre. — Bruit, fumée, 3e classe (31 décembre 1866). — Antérieurement : 2e classe (14 janvier 1815).

Forges (1) et chaudronneries de grosses œuvres employant des marteaux mécaniques. — Fumée, bruit, 2e classe (5 novembre 1826).

Formes en tôle pour raffinerie. Voir : *Tôles vernies*.

Fourneaux à charbon de bois. Voir : *Carbonisation du bois*.

Fourn aux (Hauts-). — Fumée et poussière, 2e classe (31 décembre 1866). — Antérieurement 1re classe (14 janvier 1815).

Fourrières de chiens (2). — Odeur et bruit, 2e classe (22 décembre 1900).

*** Fourrures**. Voir : *Peaux (lustrage et apprêtage)*.

Fours à plâtre et fours à chaux. Voir : *Plâtre, Chaux*.

Fours pour la calcination des cailloux. Voir : *Cailloux*.

Fromages (Dépôts de) dans les villes. — Odeur, 3e classe (14 janvier 1815).

*** Fulminantes** (Matières). Voir : *Amorces, Poudres*.

Fulminate de mercure (Fabrication du). — Régime spécial (Ordonnance du 30 octobre 1836). — Danger d'explosion et d'incendie, 1re classe (25 juin 1823).

*** Fumoirs**. Voir : *(Harengs Saurage des), Lard (Ateliers à en fumer le), Salaison et préparation des viandes, Salaisons (Ateliers pour les) et le Saurage des poissons, Saucissons*.

*** Gadoues**. Voir : *Boues et immondices. Ordures ménagères*.

Galipots ou résines de pin. Voir : *Résines*.

Galons et tissus d'or et d'argent (Brûleries en grand des) dans les villes. — Odeur, 2e classe (14 janvier 1815).

Galvanisation. Voir : *Fer*.

Garages d'automobiles actionnées par des hydrocarbures. Voir : *Huiles de pétrole, de schiste, etc.*

Gaz d'éclairage et de chauffage (Fabrication du) (3). — (20 août 1824). — Régime spécial, (Décret du 9 février 1867)
    1° Pour l'usage public. — Odeur, danger d'incendie, 2e classe ;
    2° Pour l'usage particulier. — Odeur, danger d'incendie, 3e classe.

Gaz pauvre, gaz à l'eau, gaz de gazogène, gaz hydrogène. etc., destiné à l'éclairage, au chauffage ou à la production de la force motrice (fabrication de). — (19 juin 1909) :
    1° Pour l'usage public. — Odeur, danger d'incendie, 2e classe ;
    2° Pour l'usage particulier, lorsque le gaz est consommé sur les lieux mêmes de production après emmagasinement dans des réservoirs sous une pression égale ou supérieure à la pression atmosphérique, mais seulement lorsque la capacité de ces réservoirs est supérieure à 10 mètres cubes. — Odeur, danger d'incendie, 3e classe.

Gaz (Goudrons des usines à). Voir : *Goudrons*.

---

(1) Après instructions de M. le Ministre du Commerce et de l'Industrie, il a été entendu que les forges employant des marteaux mécaniques seraient rangées dans la 2e classe, quelle que soit la nature de leur travail.

(2) Les fourrières de chiens sont les établissements où sont recueillis des chiens dont les propriétaires sont inconnus. (Instructions ministérielles du 28 février 1901).

(3) Les fabrications de gaz pour l'usage public sont toutes celles dont le gaz est vendu au public. — Les fabrications pour l'usage particulier sont celles dont le gaz est fabriqué pour un établissement particulier. (Circulaire ministérielle du 24 janvier 1905).

Gazomètres pour l'usage particulier, non attenants aux usines de fabrication. — Odeur, danger d'incendie, 3° classe (20 août 1824).

Gélatine alimentaire (Fabrication de la) et des gélatines provenant de peaux blanches et de peaux fraîches non tannées. — Odeur, 3° classe (9 février 1825).

Genièvre. Voir : *Distilleries*.

Glace. Voir : *Réfrigération*.

* **Glaces** (Argenture des). Voir : *Argenture*.

Glaces (Étamage des). Voir : *Étamage*.

* **Glaces** (Manufacture de). Voir : *Verreries*.

* **Glucose**. Voir : *Sirop de fécule*.

Glycérine (Distillation de la). — Odeur, 3° classe (20 juin 1883).

Glycérine (Extraction de la) des eaux de savonnerie ou de stéarinerie. — Odeur, 2e classe (20 juin 1883).

* **Goudronnage des feutres**. Voir : *Feutre*.

* **Goudronnage des tissus, cordes et papiers**. Voir : *Toiles grasses*.

* **Goudronnage des tuiles métalliques**. Voir : *Tuiles*.

Goudrons (Traitement des) dans les usines à gaz où ils se produisent. — Odeur, danger d'incendie, 2° classe (31 décembre 1866).

Goudrons (Usines spéciales pour l'élaboration des) d'origines diverses. — Odeur, danger d'incendie, 1ro classe (14 janvier 1815).

Goudrons et brais végétaux d'origines diverses (Élaboration des). — Odeur, danger d'incendie, 1re classe (9 février 1825).

Goudrons et matières bitumineuses fluides (Dépôts de). — Odeur, danger d'incendie, 2° classe (31 décembre 1866).

Graisses (Fonte aux acides des). — Odeur et altération des eaux, 2e classe (15 mars 1890).

Graisses à feu nu (Fonte des). — Odeur, danger d'incendie, 1re classe (31 mai 1833).

Graisses de cuisine (Traitement des). — Odeur, 1re classe (31 janvier 1872).

Graisses et suifs (Refonte des). — Odeur, 3° classe (31 janvier 1872).

Graisses pour voitures (31 décembre 1866). Voir : *Huiles animales, Huiles végétales et huiles minérales lourdes*.

Gravure chimique sur verre, avec application de vernis aux hydrocarbures. — Odeur, danger d'incendie, 2° classe (3 mai 1886).

Grillage des minerais sulfureux. — Fumée, émanations nuisibles, 1re classe (14 janvier 1815).

Grillage des minerais sulfureux quand les gaz sont condensés et que le minerai ne renferme pas d'arsenic. — Fumées, émanations nuisibles, 2e classe (15 mars 1890).

Grillage des terres pyriteuses et alumineuses. Voir : *Terres*, etc.

Guano (Dépôts de). — (31 décembre 1866) :
    1° Quand l'approvisionnement excède 25.000 kilogrammes. — Odeur, 1re classe ;
    2° Pour la vente au détail. — Odeur, 3e classe.

Harengs (Saurage des). — Odeur, 3e classe (31 décembre 1866). — Antérieurement, 2° classe (14 janvier 1815).

Hongroieries. — Odeur, 3° classe (31 décembre 1866). — Antérieurement, 2e classe (15 octobre 1810).

Houille (Agglomérés de). Voir : *Agglomérés*.

* **Houilles** (Lavage des). Voir : *Lavoir à houilles.*

Huile de Bergues (Fabrique d'). Voir : *Dégras.*

Huile de pieds de bœuf (Fabrication d') :
1° Avec emploi de matières en putréfaction. — Odeur, 1ᵉ classe (15 octobre 1810);
2° Quand les matières employées ne sont pas putréfiées. — Odeur, 2° classe (31 décembre 1866).

* **Huile épaisse ou dégras**. Voir : *Dégras.*

Huileries ou moulins à huile. — Odeur et danger d'incendie, 3° classe (14 janvier 1815).

Huiles animales (Traitement ou mélange à chaud, ou cuisson avec des huiles végétales ou des huiles lourdes minérales). — Odeur et dangers d'incendie, 1ᵉ classe (22 décembre 1900).

* **Huiles consistantes**. Voir : *Huiles animales, Huiles végétales et Huiles minérales lourdes.*

* **Huiles** (Cuisson des). Voir : *Huiles végétales, Huiles minérales lourdes, Bâches imperméables Huiles oxydées.*

Huiles de pétrole, de schiste et de goudron, essences et autres hydrocarbures employés pour l'éclairage, le chauffage, la fabrication des couleurs et vernis, le dégraissage des étoffes et autres usages (Fabrication, distillation, travail en grand et dépôts) (1).— Régime spécial (décrets des 18 avril 1866, 19 mai 1873, 12 juillet 1884, 20 mars 1885, 5 mars 1887, 19 septembre 1903 et 29 décembre 1910).

Huiles de poisson (Fabrique d'). — Odeur, danger d'incendie, 1ʳᵉ classe (14 janvier 1815).

Huiles de résine (Fabrication des). — Odeur, danger d'incendie, 1ʳᵉ classe (14 janvier 1815).

Huiles de ressence (Fabrication des) — Odeur, altération des eaux, 2° classe (31 janvier 1872).

Huiles (Epuration des). — Odeur, danger d'incendie, 3° classe (31 décembre 1866). — Antérieurement, 2° classe (14 janvier 1815).

Huiles essentielles ou essences de térébenthines, d'aspic et autres. Voir : *Huiles de pétrole, de schiste, etc.*

Huiles et autres corps gras extraits des débris de matières animales (Extraction des). — Odeur, danger d'incendie, 1ᵉ classe (31 décembre 1866).

* **Huiles extraites des eaux grasses**. Voir : *Eaux grasses.*

Huiles extraites des schistes bitumineux. Voir : *Huiles de pétrole, de schiste, etc.*

Huiles lourdes créosotées (Injection des bois à l'aide des). — Ateliers opérant en grand et d'une manière permanente. — Odeur, danger d'incendie, 2° classe (31 janvier 1872).

Huiles oxydées par exposition à l'air (Fabrication et emploi des). — (3 mai 1886) :
1° Avec cuisson préalable. — Odeur, danger d'incendie, 1ᵉ classe;
2° Sans cuisson. — Odeur, danger d'incendie, 2° classe.

Huiles rousses (Fabrication des) par extraction des cretons et débris de graisses à haute température. — Odeur, danger d'incendie, 1ᵉ classe (14 janvier 1815).

Huiles végétales et huiles minérales lourdes (Mélange avec réchauffement vers 45 à 50 degrés, en vue de défiger les huiles dans un local séparé de celui où sont les fûts d'huile à mélanger). — Odeur et danger d'incendie, 3° classe (22 décembre 1900).

Huiles végétales et huiles minérales lourdes (Traitement ou mélange à chaud ou cuisson des). — (31 août 1905). — Antérieurement : 1ᵉ et 2° classes (31 mai 1833, 31 décembre 1866 et 22 décembre 1900) :
1° Par chauffage à feu nu, ou dans un courant de vapeur sous une pression supérieure à 2 kilogrammes. — Odeur et danger d'incendie, 1ᵉ classe;
2° Par chauffage dans un courant de vapeur sous une pression égale ou inférieure à 2 kilogrammes. — Odeur et danger d'incendie, 3° classe.

---

(1) Une ordonnance royale du 9 février 1825 rangeait dans la 2° classe les huiles de térébenthine et autres huiles essentielles. Une décision ministerielle du 5 décembre 1850, procédant par assimilation, ajoute à la rubrique les huiles de schiste.

***Hydrocarbures.** Voir : *Huiles de pétrole, etc.*

***Hypochlorites.** Voir: *Chlorures alcalins.*

***Hypochlorites** (Blanchiment par les) Voir: *Blanchiment.*

***Immondices.** Voir : *Boues.*

Impressions sur étoffes. Voir: *Toiles peintes.*

***Incinération.** Voir: *Lessives de papeterie, Lignites. Ordures ménagères, Tabac (côtes de), Tannée.*

***Insecticides.** Voir : *Engrais.*

Jute (Teillage du) Voir: *Teillage.*

Kirsch. Voir: *Distilleries.*

Laine. Voir: *Battage, *Blanchiment, *Épaillage, *Lavoirs.*

***Laines** (Dégraissage des déchets de). Voir: *Peaux.*

Laiteries en grand dans les villes. — Odeur, 2e classe (31 décembre 1866).

Laitier (Ciment de). Voir: *Ciment.*

***Laiton.** Voir : *Fonderies.*

***Laminage.** Voir: *Fonte et laminage.*

Lard (Atelier à enfumer le). — Odeur et fumée, 3e classe (31 décembre 1866). — Antérieurement 2e classe (14 janvier 1815).

Lavage des fils de laine, bourres et déchets de filatures de laine et de soie. Voir: *Battage et lavage, etc.*

***Lavage et séchage des déchets des filatures.** Voir : *Déchets.*

Lavage et séchage des éponges. Voir: *Éponges.*

***Lavoirs.** Voir: *Buanderies.*

Lavoirs à houille. — Altération des eaux, 3e classe (31 décembre 1866).

Lavoirs à laine. — Altération des eaux, 3e classe (9 février 1825).

Lavoirs à minerais en communication avec des cours d'eau. — Altération des eaux, 3e classe: (31 janvier 1872).

Lessives alcalines des papeteries (Incinération des). — Fumée, odeur et émanations nuisibles. 2e classe (7 mai 1878).

Liège (Usines pour la trituration du). — Danger d'incendie, 2e classe (26 janvier 1892).

Lies de vin (Incinération des). — (7 mai 1878):
    1o Avec dégagement de la fumée au dehors. — Odeu 1r classe ;
    2o Avec combustion ou condensation des fumées. — Odeur, 2e classe.

Lies de vin (Séchage des). — Odeur, 2e classe (7 mai 1878).

Lignites (Incinération des). — Fumée, émanations nuisibles, 1re classe (31 décembre 1866).

***Lin.** Voir : *Blanchiment.*

Lin (Rouissage du). Voir : *Rouissage.*

Lin (Teillage en grand du). Voir : *Teillage.*

Liqueurs alcooliques. Voir : *Distilleries.*

Liquides pour l'éclairage (Dépôts de) au moyen de l'alcool et des huiles essentielles. — Danger d'incendie et d'explosion, 2e classe (31 décembre 1866).

***Literies.** Voir: *Battage, cardage, etc.*

Litharge (Fabrication de). — Poussières nuisibles, 3ᵉ classe (31 décembre 1866). — Antérieurement: 1ʳᵉ classe (14 janvier 1815).

Lustrage. Voir: *Peaux, Soufre*.

Machines et [wagons (Ateliers de construction de). — Bruit, fumée, 2ᵉ classe (31 décembre 1866).

Malteries. — Altération des eaux, 3ᵉ classe (3 mai 1886).

Marcs ou charrées de soude (Exploitation des) en vue d'en extraire le soufre, soit libre, soit combiné. — Odeur, émanations nuisibles, 1ʳᵉ classe (20 juin 1883). Voir: *Soudes brutes*.

Maroquineries. — Odeur, 3ᵉ classe (31 décembre 1866). — Antérieurement: 2ᵉ classe (14 janvier 1815).

*****Marteaux à la main.** Voir: *Chaudronnerie et serrurerie*.

*****Marteaux mécaniques.** Voir: *Forges et chaudronneries de grosses œuvres*.

*****Marteaux-moutons.** Voir: *Miroirs métalliques*.

Massicot. (Fabrication du). — Émanations nuisibles, 3ᵉ classe (31 décembre 1866). — Antérieurement: 1ʳᵉ classe (14 janvier 1815).

*****Matières animales.** Voir: *Carbonisation*.

Matières colorantes. (Fabrication des) au moyen de l'aniline et de la nitrobenzine. — Odeur, émanations nuisibles, 3ᵉ classe (7 mai 1878).

*****Matières filamenteuses.** Voir: *Déchets, etc.*

Mèches de sûreté pour mineurs (Fabrication des). — (25 juin 1823).

1° Quand la quantité manipulée ou conservée dépasse 100 kilogrammes de poudre ordinaire. — Danger d'incendie et d'explosion, 1ʳᵉ classe;

2° Quand la quantité manipulée ou conservée est inférieure à 100 kilogrammes de poudre ordinaire. — Danger d'incendie ou d'explosion, 2ᵉ classe.

Mégisseries. — Odeur, 3ᵉ classe (31 décembre 1866). — Antérieurement: 2ᵉ classe (15 octobre 1810).

*****Mélanges d'huiles.** Voir: *Huiles animales, Huiles végétales et Huiles minérales lourdes*.

Ménageries. — Danger des animaux, 1ʳᵉ classe (15 octobre 1810).

*****Mercure.** Voir: *Étamage des glaces*.

Métaux (Ateliers de) pour construction de machines et appareils. Voir: *Machines*.

*****Métaux vernis.** Voir: *Tôles*.

*****Méthylène.** Voir: *Alcool méthylique*.

Minerais de métaux précieux (Traitement des). — Émanations nuisibles, 3ᵉ classe (15 mars 1890).

Minerais de zinc non sulfureux (Reduction des). — Bruit et fumées, 3ᵉ classe (25 décembre 1901).

*****Minerais** (Lavage des). Voir: *Lavoirs à minerais*.

*****Minerais sulfureux.** Voir: *Grillage*.

Minium (Fabrication du). — Émanations nuisibles, 3ᵉ classe (31 décembre 1866). — Antérieurement: 1ʳᵉ classe (15 octobre 1810).

Miroirs métalliques (Fabrique de) et autres ateliers employant des moutons (7 mai 1878):

1° Où l'on emploie des marteaux ne pesant pas plus de 25 kilogrammes, et n'ayant que 1 mètre au plus de longueur de chute. — Bruit et ébranlement, 3ᵉ classe;

2° Où l'on emploie des marteaux ne pesant pas plus de 25 kilogrammes, et ayant plus de 1 mètre de longueur de chute. — Bruit et ébranlement, 2ᵉ classe;

3° Où l'on emploie des marteaux d'un poids supérieur à 25 kilogrammes, quelle que soit la longueur de chute. — Bruit et ébranlement, 2ᵉ classe.

Morues (Sécheries des). — Odeur, 2e classe (31 mai 1833).

Moulins à broyer le plâtre, la chaux, les cailloux et les pouzzolanes. — Poussières, 3e classe (31 décembre 1866). — Antérieurement : 2e classe (9 février 1825).

Moulins à huile. Voir : *Huileries*.

***Moulins à tan**. Voir : *Tan*.

Moutons (Ateliers employant des marteaux). Voir : *Miroirs métalliques*.

Murexide (Fabrication de la) en vases clos par la réaction de l'acide azotique et de l'acide urique du guano. — Émanations nuisibles, 2e classe (31 décembre 1866).

Nitrate de méthyle (Fabrique de). — Danger d'explosion, 1re classe (7 mai 1878).

Nitrates métalliques obtenus par l'action directe des acides (Fabrication des). — (20 juin 1883) :

    1° Si les vapeurs ne sont pas condensées. — Vapeurs nuisibles, 1re classe ;

    2° Si les vapeurs sont condensées. — Vapeurs accidentelles, 2e classe.

Nitrobenzine, aniline et matières dérivant de la benzine (Fabrication de). - Odeur, émanations nuisibles et danger d'incendie, 2e classe (31 décembre 1866).

***Nitrocellulose**. Voir : *Collodion*.

***Nitrosulfate de fer**. Voir : *Sulfate de peroxyde de fer*.

Noir des raffineries et des sucreries (Revivification du). — Émanations nuisibles, odeur, 2e classe (9 février 1825).

Noir de fumée (Fabrication du) par la distillation de la houille, des goudrons, bitumes, etc. — Fumée, odeur, 2e classe (15 octobre 1810).

Noir d'ivoire et noir animal (Distillation des os ou fabrication du) :

    1° Lorsqu'on ne brûle pas les gaz. — Odeur, 1re classe (15 octobre 1810) ;

    2° Lorsque les gaz sont brûlés. — Odeur, 2e classe (14 janvier 1815).

Noir minéral (Fabrication du) par le broyage des résidus de la distillation des schistes bitumineux. — Odeur et poussière, 3e classe (31 décembre 1866).

Oignons (Dessication des) dans les villes. — Odeur, 2e classe (31 décembre 1866).

Olives (Confiserie des). — Altération des eaux, 3e classe (31 décembre 1866).

Olives (Tourteaux d'). Voir : *Tourteaux*.

***Or**. Voir : *Affinage, Batteurs, Galons*.

Ordures ménagères (Incinération ou carbonisation des) (31 août 1905). — Antérieurement : Incinération des (25 décembre 1901) :

    a) Quels que soient l'état et la quantité traitée journellement. — Poussières, fumées, odeurs, 1re classe ;

    b) A l'état vert, s'il en est traité au plus 150 tonnes par jour et si leur traitement est opéré sans triage et exécuté dans les vingt-quatre heures de leur apport. — Poussières, fumées, odeurs, 2e classe.

    *Voir : *Boues et immondices*.

Orseille (Fabrication de l') :

    1° En vases ouverts. — Odeur, 1re classe (14 janvier 1815) ;

    2° En vases clos et en employant de l'ammoniaque à l'exclusion de l'urine. — Odeur, 3e classe, (31 décembre 1866). — Antérieurement : 2e classe (6 mai 1849).

***Os** (Distillation des). Voir : *Noir d'ivoire, etc.*

Os d'animaux (Calcination des). Voir : *Carbonisation des matières animales*.

Os frais (Dépôts d') en grand. — Odeur, émanations nuisibles, 1re classe (31 décembre 1866).

Os secs (Dépôts d') en grand. — Odeur, 3e classe (31 janvier 1872).

Os (Torréfaction des) pour engrais. — (31 décembre 1866) :

    1° Lorsque les gaz ne sont pas brûlés. — Odeur et danger d'incendie, 1re classe ;

    2° Lorsque les gaz sont brûlés. — Odeur et danger d'incendie, 2e classe.

Ouates (Fabrication des). — Poussière et danger d'incendie, 3e classe (31 décembre 1866).

Pailles et autres fibres végétales par l'acide sulfureux (Blanchiment des). — Émanations nuisibles, 2o classe (25 décembre 1901).

Papier (Fabrication du). — Danger d'incendie, 3e classe (31 décembre 1866). — Antérieurement : 2e classe (14 janvier 1815).

***Papiers goudronnés**. Voir : *Toiles grasses*.

***Paraffine**. Voir : *Bougies*.

Parchemineries. — Odeur, 3e classe (14 janvier 1815).

Pâte à papier (Préparation de la) au moyen de la paille et autres matières combustibles. — Altération des eaux, 2e classe (31 décembre 1866).
 *Voir : *Blanchiment*.

***Peaux**. Voir : *Teintureries de peaux*.

Peaux de lièvre et de lapin. Voir : *Secrétage*.

Peaux de mouton (Séchage des). — Odeur, 3e classe (31 décembre 1866).

Peaux, étoffes et déchets de laine (Dégraissage des) par les huiles de pétrole et autres hydrocarbures. — Odeur et danger d'incendie, 1re classe (7 mai 1878).

Peaux fraîches. Voir : *Cuirs verts*.

Peaux (Lustrage et apprêtage des). — Odeur et poussière, 3e classe (7 mai 1878).

Peaux (Pelanage et séchage des). — Odeur, 2o classe (31 janvier 1872).

Peaux salées non séchées (Dépôts de). — Odeur, 3e classe (3 mai 1886).

Peaux sèches (Dépôts de) conservées à l'aide de produits odorants. — Odeur, 3e classe (3 mai 1886).

***Pelanage**. Voir : *Peaux*.

Perchlorure de fer par la dissolution du peroxyde de fer (Fabrication de). — Émanations nuisibles, 3e classe (31 décembre 1866).

Pétrole. Voir : *Huiles de pétrole, etc.*

Phellosine (Fabrication de la). — Odeur et danger d'incendie, 1re classe (6 juillet 1896).

Phosphate de chaux (Ateliers pour l'extraction et le lavage du). — Altération des eaux, 3e classe (7 mai 1878).

Phosphore (Fabrication du). — Danger d'incendie, 1re classe (5 novembre 1826).

***Pieds d'animaux**. Voir : *Boyaux*.

Pileries mécaniques de drogues. Bruit et poussières, 3e classe (31 décembre 1866).

***Pilons** (Marteaux). Voir : *Forges et chaudronneries de grosses œuvres*.

Pipes à fumer (Fabrication des) :
 1o Avec fours non fumivores. — Fumée, 2e classe (14 janvier 1815).
 2o Avec fours fumivores. — Fumée accidentelle, 3e classe (31 décembre 1866).

Plantes marines. Voir : *Combustion des plantes marines*.

Platine (Fabrication du). — Émanations nuisibles, 2e classe (20 juin 1883).

***Plâtre**. Voir : *Moulins*.

Plâtre (Fours à) :
 1o Permanents. — Fumée et poussière, 2e classe (15 octobre 1810) ;
 2o Ne travaillant pas plus d'un mois par an. — Fumée et poussière. 3e classe (14 janvier 1815).

***Plomb**. Voir : *Cendres d'orfèvres, Céruse, Litharge, Massicot, Minium*.

Plomb (Fonte et laminage du). Voir : *Fonte, etc.*

***Plumes de literie**. Voir : *Battage*.

Poêliers fournalistes, poêles et fourneaux en faïence et terre cuite. Voir : *Faïence.*

Poils de lièvre et de lapin. Voir : *Secrétage.*

Poissons salés (Dépôts de). — Odeur incommode, 2e classe (31 décembre 1866).

Porcelaine (Fabrication de la) :

1° Avec fours non fumivores. — Fumée, 2e classe (14 janvier 1815);

2° Avec fours fumivores. — Fumée accidentelle, 3e classe (31 décembre 1866).

Porcheries comprenant plus de six animaux ayant cessé d'être allaités (15 mars 1890). Antérieurement : 1re classe (15 octobre 1810) :

1° Lorsqu'elles ne sont pas l'accessoire d'un établissement agricole. — Odeur, bruit (2e classe) ;

2° Lorsque, dépendant d'un établissement agricole, elles sont situées dans les agglomérations urbaines de 5.000 âmes et au-dessus. — Odeur, bruit, 2e classe.

Potasse (Fabrication de la) par calcination des résidus de mélasse. — Fumée et odeur, 2e classe (31 décembre 1866). — Antérieurement : 1re classe (19 février 1853).

Poteries de terre (Fabrication de) avec fours non fumivores. — Fumée, 3e classe (31 décembre 1866). — Antérieurement : 2e classe (14 janvier 1815).

Poudre de mine comprimée (Fabrication de cartouches de). — Danger d'explosion ou d'incendie, 1re classe (15 mars 1890).

Poudres et matières fulminantes (Fabrication de). — Danger d'explosion et d'incendie, 1re classe (25 juin 1823). Voir aussi : *Fulminate de mercure.*

Poudrette (Dépôts de). Voir : *Engrais.*

Poudrette (Fabrication de) et autres engrais au moyen de matières animales. — Odeur et altération des eaux, 1re classe : Poudrette (15 octobre 1810) ; matières animales (9 février 1825).

Pouzzolane artificielle (Fours à). — Fumée, 3e classe (31 décembre 1866).

***Pouzzolanes.** Voir : *Moulins.*

Protochlorure d'étain ou sel d'étain (Fabrication du). — Émanations nuisibles, 2e classe (14 janvier 1815).

Prussiate de potasse. Voir : *Cyanure de potassium.*

Pulpes de betteraves. Voir : *Betteraves.*

Pulpes de pomme de terre. Voir : *Féculeries.*

***Pulvérisation.** Voir ; *Soufre.*

***Pyrites grillées.** Voir : *Cuivre* (extraction), *Sulfate de cuivre, Sulfate de fer.*

Raffineries et fabriques de sucre. — Fumées, odeur, 2e classe. Raffineries (14 janvier 1815); fabriques de sucre (27 janvie 1837).

***Ramie.** Voir : *Rouissage.*

***Râperies.** Voir : *Sucre, etc.*

Réfrigération (Appareils de) :

1° Par l'acide sulfureux. — Émanations nuisibles, 2e classe (7 mai 1878);

2° Par l'ammoniaque. — Odeur, 3e classe (31 décembre 1866);

3° Par l'éther ou autres liquides volatils et combustibles. — Danger d'explosion et d'incendie, 3e classe (31 décembre 1866).

***Résine.** Voir : *Allume-feux, Huiles de résine.*

Résines, galipots et arcansons (Travail en grand pour la fonte et l'épuration des). — Odeur, danger d'incendie, 1re classe (9 février 1825).

***Revivification du noir animal.** Voir : *Noir, etc.*

Rogues (Dépôts de salaisons liquides connues sous le nom de). — Odeur, 2e classe (5 novembre 1826).

Rouge de Prusse et d'Angleterre. — Émanations nuisibles, 1re classe (14 janvier 1815).

Rouissage en grand du chanvre et du lin. — Émanations nuisibles et altération des eaux; 1re classe (15 octobre 1810).

Rouissage en grand du chanvre, du lin et de la ramie par l'action des acides, de l'eau. chaude et de la vapeur. — Emanations nuisibles et altération des eaux, 2e classe. Chanvre et lin (31 décembre 1866); ramie (13 avril 1894).

**Sabots* (Aplatissement des). Voir : *Cornes*.

Sabots (Atelier à enfumer les) par la combustion de la corne ou d'autres matières animales dans les villes. — Odeur et fumée, 1re classe (9 février 1825).

Salaison et préparation des viandes. — Odeur, 3e classe (31 décembre 1866). — Antérieurement : 2o classe (14 janvier 1815).

Salaisons (Ateliers pour les) et le saurage des poissons. — Odeur, 2e classe (9 février 1825).

Salaisons (Dépôts de) dans les villes. — Odeur, 3e classe (14 janvier 1815).

Sang :

1o Ateliers pour la séparation de la fibrine, de l'albumine, etc. — Odeur, 1re classe (31 décembre 1866);

2o (Dépôts de) pour la fabrication du bleu de Prusse et autres industries. — Odeur, 1re classe (9 février 1825);

3o (Fabrique de poudre de) pour la clarification des vins. — Odeur, 1re classe (31 décembre 1866).

*Voir : *Albumine*.

Sardines (Fabriques de conserves de) dans les villes. — Odeur, 2e classe (19 février 1853).

Saucissons (Fabrication en grand de). — Odeur, 2e classe (31 décembre 1866).

Saurage des harengs. Voir : *Harengs*.

***Saurage des poissons**. Voir : *Salaisons* (Ateliers de).

Savonneries. — Odeur, 3e classe (15 octobre 1810).

Schistes bitumineux. Voir : *Huiles de pétrole, de schiste*.

Scieries mécaniques et établissements où l'on travaille le bois à l'aide de machines à vapeur ou à feu. — Danger d'incendie, 3e classe (26 février 1881).

Scories (Ciment de). Voir : *Ciment*.

Séchage des éponges. — Voir : *Éponges*.

Sécheries de morues. — Voir : *Morues*.

Secrétage des peaux ou poils de lièvre et de lapin. — Odeur, 2e classe (20 septembre 1828).

Sel ammoniac et sulfate d'ammoniaque (Fabrication des) par l'emploi des matières animales. — Sel ammoniac (15 octobre 1810); Sulfate d'ammoniaque (14 janvier 1815);

1o Comme établissement principal. — Odeur, émanations nuisibles, 1re classe;

2o Comme annexe d'un dépôt d'engrais provenant de vidanges ou de débris d'animaux précédemment autorisé. — Odeur, émanations nuisibles, 2e classe.

Sel ammoniac et sulfate d'ammoniaque extraits des eaux d'épuration du gaz (Fabrique spéciale de). — Odeur, 2e classe (31 décembre 1866). — Antérieurement : 1re classe (20 septembre 1828).

Sel de soude (Fabrication du) avec le sulfate de soude. — Fumées, émanations nuisibles, 3e classe (14 janvier 1815).

Sel d'étain. Voir : *Protochlorure d'étain*.

Serrurerie (Ateliers de). Voir : *Chaudronnerie et serrurerie*.

Sinapismes (Fabrication des) à l'aide des hydrocarbures (7 mai 1878):

1o Sans distillation. — Odeur, 2e classe;

2o Avec distillation. — Odeur et danger d'incendie, 1re classe.

Sirops de fecule et glucose (Fabrication des). — Odeur, 3° classe. — Sirops de fécule (9 février 1825); Glucose (31 décembre 1866).

Soie. Voir : *Battage*, *Blanchiment*, *Chapeaux*, *Filature*.

Soie artificielle (Fabrication de la) au moyen du collodion. — Danger d'explosion et d'incendie 1re classe (13 avril 1894).

Soies de porc (Préparation des) :

  1° Par fermentation. — Odeur, 1re classe (27 mai 1838) ;

  2° Sans fermentation. — Odeur et poussière, 3e classe (31 décembre 1866).

Soude. Voir : *Sulfate de soude*, *Sel de soude*.

Soudes brutes (Dépôt de résidus provenant du lessivage des). — Odeur, émanations nuisibles, 1re classe (7 mai 1878).

Soudes brutes de varech (Fabrication des) dans les établissements permanents. — Odeur et fumée, 1re classe (27 mai 1838).

***Soufre** (Extraction du). Voir : *Marcs de soude*.

Soufre (Fusion ou distillation du). — Émanations nuisibles, danger d'incendie, 2e classe (31 décembre 1866). — Antérieurement : 1re classe (9 février 1825).

Soufre (Lustrage au) des imitations de chapeaux de paille. — Poussières nuisibles, 3e classe (20 juin 1883).

Soufre (Pulvérisation et blutage du). — Poussiéres, danger d'incendie, 3e classe (31 décembre 1866).

***Soufroirs**. Voir : *Blanchiment*.

Sucre. Voir : *Raffineries et fabriques de sucre*.

Sucre (Râperies annexées aux fabriques de). — Odeur et altération des eaux, 3e classe (26 janvier 1892).

***Suif**. Voir : *Chandelles*, *Graisses et Suifs*.

Suif brun (Fabrication du). — Odeur, danger d'incendie, 1re classe (15 octobre 1810).

Suif d'os (Fabrication du). — Odeur, altération des eaux, danger d'incendie, 1re classe (14 janvier 1815).

Suif en branches (Fonderies de) :

  1° A feu nu. — Odeur, danger d'incendie, 1re classe (14 janvier 1815). — Antérieurement : 2e classe (15 octobre 1810).

  2° Au bain-marie ou à la vapeur. — Odeur, 2e classe (14 janvier 1815).

***Sulfate d'ammoniaque**. Voir : *Sel ammoniac*.

Sulfate de baryte (Décoloration du). Voir : *Baryte*.

Sulfate de cuivre (Fabrication du) au moyen du grillage des pyrites. — Émanations nuisibles et fumée, 1re classe (14 janvier 1815).

Sulfate de fer, d'alumine et alun (Fabrication du) par le lavage des terres pyriteuses et alumineuses grillées. — Fumée et altération des eaux, 3e classe (15 octobre 1810).

Sulfate de mercure (Fabrication du). — 31 décembre 1866 :

  1° Quand les vapeurs ne sont pas absorbées. — Émanations nuisibles, 1re classe ;

  2° Quand les vapeurs sont absorbées. — Emanations moindres, 2e classe.

Sulfate de peroxyde de fer (Fabrication du) par le sulfate de protoxyde de fer et l'acide nitrique (nitro-sulfate de fer). — Émanations nuisibles, 2° classe (31 décembre 1866).

Sulfate de potasse (Fabrication du). Voir : *Ammoniaque*.

Sulfate de protoxyde de fer ou couperose verte par l'action de l'acide sulfurique sur la ferraille (Fabrication en grand du). — Fumées, émanations nuisibles, 3e classe (31 décembre 1866).

Sulfate de soude (Fabrication du) par la décomposition du sel marin par l'acide sulfurique. — (14 janvier 1815) :

    1° Sans condensation de l'acide chlorhydrique. — Émanations nuisibles, 1re classe.

    2° Avec condensation complète de l'acide chlorhydrique. — Émanations nuisibles, 2e classe.

Sulfure d'arsenic (Fabrication du) à la condition que les vapeurs seront condensées. — Odeur, émanations nuisibles, 2e classe (7 mai 1878).

Sulfure de carbone (Fabrication du). — Odeur, danger d'incendie, 1re classe (31 décembre 1866).

Sulfure de carbone (Manufactures dans lesquelles on emploie en grand le). — Danger d'incendie 1re classe (31 décembre 1866).

    Voir : Tourteaux d'olives, Caoutchouc.

Sulfure de sodium (Fabrication du). — Odeur, 2e classe (7 mai 1878).

Sulfures métalliques. Voir : *Grillage des minerais sulfureux.*

Superphosphate de chaux et de potasse (Fabrication du). — Émanations nuisibles, 2e classe (31 janvier 1872).

Tabac (Incinération des côtes de). — Odeur et fumée, 1re classe (14 janvier 1815).

Tabacs (Manufactures de). — Odeur et poussière, 2e classe (15 octobre 1810).

Tabatières en carton (Fabrication des). — Odeur et danger d'incendie, 3e classe (31 décembre 1866). — Antérieurement : 2e classe (14 janvier 1815).

Taffetas et toiles vernis ou cirés (Fabrication des). — Odeur et danger d'incendie, 1re classe (14 janvier 1815). — Antérieurement : 2e classe (15 octobre 1810).

Tan (Moulins à). — Bruit et poussière, 3e classe (31 décembre 1866)

Tannée humide (Incinération de la). — Fumée, odeur, 2e classe (7 mai 1878).

Tanneries. — Odeur, 2e classe (14 janvier 1815).

Tapis (Battage en grand des). Voir : *Battage.*

Teillage du lin, du chanvre et du jute en grand. — Poussière et bruit, 3e classe (31 décembre 1866).

Teintureries. — Odeur et altération des eaux, 3e classe (14 janvier 1815). — Antérieurement : 2e classe (15 octobre 1810).

Teintureries de peaux. — Odeur, 3e classe (31 décembre 1866).

Térébenthine (Distillation et travail en grand de la). Voir : *Huiles de pétrole, de schiste,* etc.

Terres émaillées (Fabrication de). — (31 décembre 1866) :

    1° Avec fours non fumivores. — Fumée. 2e classe ;

    2° Avec fours fumivores. — Fumée accidentelle, 3e classe.

Terres pyriteuses et alumineuses (Grillage des). — Fumée, émanations nuisibles, 1re classe (14 janvier 1815).

***Tissus de lin, de chanvre, de coton, de laine et de soie.** Voir : *Blanchiment.*

Tissus d'or et d'argent (Brûleries en grand des). Voir : *Galons.*

***Tissus goudronnés.** Voir : *Toiles grasses.*

Toiles (Blanchiment des). Voir : *Blanchiment.*

Toiles cirées. Voir : *Taffetas et toiles vernis ou cires.*

Toiles grasses pour emballage, tissus, cordes goudronnées, papiers goudronnés, cartons et tuyaux bitumés (Fabrique de). — (30 décembre 1866) :

    1° Travail à chaud — Odeur, danger d'incendie, 2e classe :

    2° Travail à froid. — Odeur, danger d'incendie, 3e classe.

Toiles peintes (Fabrique de). — Odeur, 3e classe (9 février 1825).

Toiles vernies (Fabrique de). Voir : *Taffetas et toiles vernis ou cirés*.

Tôlerie. Voir : *Chaudronnerie et serrurerie* (1).

Tôles et métaux vernis. — Odeur, danger d'incendie, 3° classe (31 décembre 1866). — Anté
rieurement : 2° classe (9 février 1825).

Tonnelleries en grand opérant sur des fûts imprégnés de matières grasses et putrescibles.
Bruit, odeur et fumée, 2° classe (31 décembre 1866).

Torches résineuses (Fabrication de). — Odeur et danger d'incendie, 2° classe (31 décembre
1856).

***Torréfaction du Café, de la Chicorée, des Os.** Voir ces mots.

Tourbe (Carbonisation de la) :

    1° En vases ouverts. — Odeur et fumée, 1re classe (15 octobre 1810).

    2° En vases clos. — Odeur, 2° classe, 14 janvier 1815. — Antérieurement : 1re classe, (15 octo-
bre 1810).

Tourteaux d'olives (Traitement des) par le sulfure de carbone. — Danger d'incendie, 1re classe
(31 décembre 1866).

Tréfileries. — Bruit et fumée, 3° classe (20 septembre 1828).

Triperies annexes des abattoirs. — Odeur et altération des eaux, 1re classe (15 octobre
1810).

*** Tripes.** Voir : *Échaudoirs*.

*** Trituration des composés du Cuivre, du Liège.** Voir ces mots.

Tueries particulières d'animaux de boucherie et de charcuterie (2). Voir aussi : *Abattoirs
publics*. — Danger des animaux et odeur, 2° classe (31 août 1905). — Antérieurement, 1re classe
et 3° classe (15 octobre 1810); 2° classe (31 décembre 1866).

Tueries d'animaux de basse-cour, lorsqu'on y tue au moins cinquante animaux par journée de
travail. — Odeur et bruit, 2° classe (31 août 1905).

Tuileries avec fours non fumivores. — Fumée, 3° classe (31 décembre 1866). — Antérieurement : 2° classe (14 janvier 1815).

Tuiles métalliques (Trempage au goudron des). — Émanations nuisibles, danger d'incendie,
2° classe (7 mai 1878).

*** Tuyaux bitumés.** Voir : *Toiles grasses*.

Tuyaux de drainage (Fabrique de). — Fumée, 3° classe (7 mai 1878)

Urates (Fabrique d'). Voir : *Engrais* (Fabrication des).

Vacheries dans les villes de plus de 5.000 habitants. — Odeur et écoulement des
urines, 3° classe (14 janvier 1815). — Antérieurement . 2° classe. (15 octobre 1810).

Varech. Voir : *Soudes brutes de varech*.

Verdet ou vert-de-gris (Fabrication du) au moyen de l'acide pyroligneux. — Odeur, 3° class
(14 janvier 1815).

Vernis. Voir : *Argenture des glaces.* ** Gravure chimique*.

Vernis à l'esprit-de-vin (Fabrique de). — Odeur et danger d'incendie, 2° classe (31 mai 1833).

Vernis (Ateliers où l'on applique le) sur les Chapeaux, Cuirs, Feutres, Taffetas, Toiles, * Visières.
Voir ces mots.

Vernis gras (Fabrique de). — Odeur et danger d'incendie, 1re classe (15 octobre 1810).

---

(1) Les ateliers de tôlerie sont considérés comme ateliers de chaudronnerie et de serrurerie. (Instructions ministérielles du 13 février 1895.)

(2) La *tuerie particulière* est celle qui appartient à un particulier lequel n'est pas obligé, comme
l'abattoir public, de recevoir les animaux amenés par le public et n'y reçoit que les siens ou ceux
de clients agréés par lui. (Instructions ministérielles du 9 février 1905.)

* **Vernissage des métaux.** Voir : *Tôles*, etc.

Verreries, cristalleries et manufactures de glaces :

    1° Avec fours non fumivores. — Fumée et danger d'incendie, 2ᵉ classe (31 décembre 1866). — Antérieurement : 1ʳᵉ classe (14 janvier 1815) ;

    2° Avec fours fumivores. — Danger d'incendie, 3ᵉ classe (31 décembre 1866).

* **Vert-de-gris.** Voir : *Verdet*.

Vessies nettoyées et débarrassées de toute substance menbraneuse (Ateliers pour le gonflement et le séchage des). — Odeur, 2ᵉ classe (7 mai 1878).

Viandes (Salaison et * Préparation des). Voir : *Salaisons*.

Visières vernies (Fabrique de). Voir : *Feutres*.

Voieries. Voir : *Boues et immondices*.

Volailles (Engraissement des). Voir : *Engraissement*.

* **Vulcanisation.** Voir : *Caoutchouc* (Travail du), *Soufre* (Fusion ou distillation du).

Wagons (Constructions de). Voir : *Machines*, etc.

Zinc (Fonte et laminage du). Voir : *Fonte*, etc.

MELUN. IMPRIMERIE ADMINISTRATIVE. — PP 408 *H*

www.ingramcontent.com/pod-product-compliance
Lightning Source LLC
Chambersburg PA
CBHW061218030726
47595CB00004B/1305